JN045172

1万人のママ・パパが
知りたかった!

赤ちゃん育児
なんでも
Q&A

佐久医療センター 小児科医長
坂本昌彦

赤ちゃんとママ社

この書籍を手に取っていただき、ありがとうございます。
私は、小児科医として日々診療するかたわら、
「教えて!ドクター」プロジェクトで
子どもの病気やホームケア、事故予防などの医療情報を発信しています。
その縁から、月刊『赤ちゃんと!』(旧誌名・月刊『赤ちゃんとママ』)という育児情報誌で
赤ちゃんの健康をテーマにした連載を始め、かれこれ3年半になります。

この連載では毎回、「小児科医に聞きたいこと」を
赤ちゃんを育てている読者から募っていました。
「こんなときは病院に行くべきですか?」という受診の判断に迷う声から、
日常的なお世話に関するお悩み、どの情報を信じるべきかというモヤモヤ、
ちょっとした気がかりまで、多岐にわたる質問が寄せられました。
読者の質問に触れる中で、ママ・パパにとっては年々、
情報の取捨選択が難しくなっているのだなとつくづく感じます。

知りたいことを手軽に検索できるものの、
調べれば調べるほど正反対の情報が混在していて、
かえって不安が増すことも少なくないようです。
子育てに奮闘するママ・パパに、
具体的なエビデンスをまじえながら正確な情報をわかりやすく届けたい。
正確な情報を知ることで、子育てを少しでも楽に感じてほしい。
そんな思いを込めて、一つひとつの質問に回答してきました。

この本は、のべ1万人以上のママ・パパから寄せられた質問をもとに、生まれました。
その中から選んだ151のQ＆Aを紹介しています。
ひとつでも多くのトピックが、ママ・パパの子育てに役立つことを願っています。

佐久総合病院佐久医療センター小児科医長
「教えて！ドクター」プロジェクト責任者
坂本昌彦

この本について

のべ1万人以上の赤ちゃん育児中のママ・パパから寄せられたリアルな質問

育児情報誌月刊『赤ちゃんと！』（旧誌名・月刊『赤ちゃんとママ』）の読者アンケート※で募集した、ママ・パパからのリアルな質問を紹介しています。

同じ質問をした人の数を表示

お悩みの頻度を「知りたいレベル」として★マークの数で表しています。

知りたいレベル	人数
★☆☆☆☆	1～9人
★★☆☆☆	10～29人
★★★☆☆	30～49人
★★★★☆	50～79人
★★★★★	80人以上

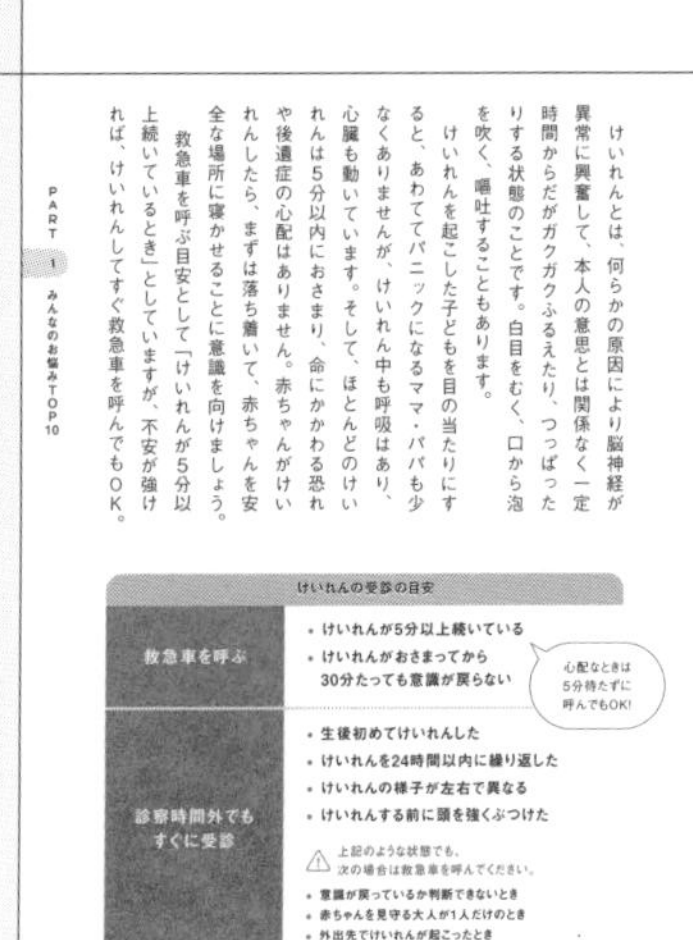
PART 1 みんなのお悩みTOP10

けいれんとは、何らかの原因により脳神経が異常に興奮して、本人の意思とは関係なく一定時間からだがガクガクふるえたり、つっぱったりする状態のことです。白目をむく、口から泡を吹く、嘔吐することもあります。

けいれんを起こした子どもを目の当たりにすると、あわててパニックになるママ・パパも少なくありませんが、けいれん中も呼吸はあり、心臓も動いています。そして、ほとんどのけいれんは5分以内におさまり、命にかかわる恐れや後遺症の心配はありません。赤ちゃんがけいれんしたら、まずは落ち着いて、赤ちゃんを安全な場所に寝かせることに意識を向けましょう。

救急車を呼ぶ目安として「けいれんが5分以上続いているとき」としていますが、不安が強ければ、けいれんしてすぐ救急車を呼んでもOK。

けいれんの受診の目安	
救急車を呼ぶ	・けいれんが5分以上続いている ・けいれんがおさまってから30分たっても意識が戻らない
診察時間外でもすぐに受診	・生後初めてけいれんした ・けいれんを24時間以内に繰り返した ・けいれんの様子が左右で異なる ・けいれんする前に頭を強くぶつけた ⚠ 上記のような状態でも、次の場合は救急車を呼んでください。 ・意識が戻っているか判断できないとき ・赤ちゃんを見守る大人が1人だけのとき ・外出先でけいれんが起こったとき

心配なときは5分待たずに呼んでもOK!

※上記以外のけいれんで、症状がおさまり意識が回復した場合、あわてる必要はありませんが、念のため病院を受診するか電話で相談してください。

15

病院受診の目安が緊急度別にわかります

小児科医がエビデンスを示しながら正確に、わかりやすく解説

38万ダウンロードを突破した『教えて！ドクター』アプリ監修者である佐久総合病院佐久医療センター小児科医長・坂本昌彦ドクターが、国内や海外の論文・データ等を踏まえてていねいに答えます。

※株式会社赤ちゃんとママ社発行月刊『赤ちゃんと！（旧誌名・月刊『赤ちゃんとママ』）』2020年4月号～2023年4月号で合計37回実施し、のべ11,235人が回答。「熱」「赤ちゃんの事故予防」「食物アレルギー」などのテーマごとに小児科医に聞きたいことを募集した。

気になるQ&Aから読める

Q&Aごとに完結しているので、ページ順に読む必要はなし！　気になるページから読み始められます。

Q

ホームケア

カゼのとき、お風呂は控えるべき？シャワーもNG？

これも大事！

2人が知りたい！

A　ぐったりしていなければ、短時間のシャワー浴や入浴はOK！

気道が潤うことにより、鼻詰まりやせき症状が改善することがある

長時間の入浴は体力を奪うので、短時間にとどめるのが◎

54

カゼ症状があるとき入浴は控えたほうがいいと感じるママ・パパは少なくないようです。たしかに、活気がなくぐったりしているときは、入浴は控えたほうがいいでしょう。

一方、「飲む・寝る・遊ぶ」がいつも通りできていて、元気に過ごしているようなら、カゼ症状があるからといって入浴を避ける必要はありません。

むしろ、鼻水が詰まっているときや、せきが出ているときは、湿度の高い浴室に身を置くことで、せき・鼻水の症状が楽になることがあります。のどの粘膜や気道は、乾燥すると過敏性が高まってせきが出やすくなりますが、入浴して加湿することで乾燥から守られ、せきが鎮まることがあります。また、鼻の通り道が加湿されると、固まった鼻水が出やすくなります。

とはいえ、長時間の入浴は体力を奪う可能性があるので、短時間のシャワー浴や入浴にとどめるといいでしょう。

これも知りたい！おかわりQ

せきのケアでできることは？

意外と知られていませんが、ハチミツの摂取はせき症状の改善に効果があります。複数の研究をまとめた海外の論文には、「小児の急性のせき症状にはハチミツを推奨」と記載されています[1]。ハチミツがNGの0歳のときは室内の加湿とこまめな鼻吸いを行い、1歳を過ぎたらハチミツの摂取を試してみてもいいでしょう。

1歳未満の子どもにはハチミツは与えないでください。乳児ボツリヌス症を起こす危険があります。

PART 2 病気のとき

55

Q

ホームケア

夏カゼでのどが痛そう。水分補給や食事を嫌がります

10人が知りたい！

A　ミルクや母乳など、

夏に流行する感染症に、ヘルパンギーナや手足口病などのいわゆる"夏カゼ"があります。怖い病気ではなく、3日〜1週間程度で自然に回復することが多いですが、のどに水疱や炎症ができることがあり、強い痛みにより食事や水分をとりづらくなることがあります。

1回あたりに飲む量はひと口ふた口ほどでいいので、ミルクや母乳、卒乳後であれば、経口補水液（飲めなければ薄めたりんごジュースでもOK）やベビー用飲料、麦茶、みそ汁の上ずみなどをこまめにあげましょう。少し冷やしてスプーンで飲ませるのもいいですね。

水分・塩分・糖分が含まれているこうした飲み物を飲めていれば、食事は1〜2日とれなくても大丈夫。食欲が出てきたら、ゼリー、うどん、豆腐など、のどごしのいいものを少しずつあげましょう。

56

……熱が低い赤ちゃんは、……度からが発熱ですか？

気になる！

1人が知りたい！

ただし、たとえば平熱が35度後半の赤ちゃんが36度後半ならすぐさま病気というわけでもありません。ぐったりしていないか、水分はとれているか、鼻水やせきなどほかの症状があるかなど、全身状態を確認することが大切。緊急受診が必要かどうかは、「ぐったりしていないか、水分がとれているか」を基準に考えます。

「左右の腕で体温が違うときはどう判断するの？」と質問されることがありますが、わずかな差なら、それほど厳密にとらえなくてOK。37度台後半か、38度台か、39度台かといったぐあいで大丈夫です。こうした熱の経過を診察時に伝えていただけると、診断の助けになります。熱の経過を見るときは、同じ場所で測って比較するといいですね。

2 病気のとき

57

contents

PART 1　みんなのお悩みTOP10

PART 2　病気のとき

PART 3　病気・事故の予防

PART 4　日々のお世話

PART 5　栄養と睡眠

PART 6　気がかり・クセ

これも大事！

気になる！

ママ・パパに特に知ってほしいことには「これも大事！」、興味深い質問には「気になる！」マークをつけています。

月刊『赤ちゃんと！』とは

1965年創刊の株式会社赤ちゃんとママ社が発行する育児情報誌です。月刊『赤ちゃんとママ』として赤ちゃんを取りまくすべての人たちにエールをおくってきました。2022年5月号より、『赤ちゃんと！』に誌名を変更。「安心できる楽しい育児」を支える情報を発信しています。http://www.akamama.co.jp/akamama/

02 INTRODUCTION
04 この本について

PART 1

みんなのお悩みTOP10

14 第1位 けいれんが起きたらどう対処したらいい？
外出先でけいれん！　どうしたらいい？／動画撮影はしなきゃダメ？

18 第2位 耳掃除はしなくていいってホント？
お風呂の水が耳に入って中耳炎になることはある？

20 第3位 食物アレルギーが心配。離乳食の進め方で気をつけることは？

23 第4位 赤ちゃんにも日焼け止めは必要ですか？
日焼けしてしまったらどうする？

26 第5位 肌の保湿はどの程度したらいいですか？
保湿は何歳まで続けるの？／保湿剤はどう選んだらいい？

30 第6位 熱中症が心配。水分補給のコツは？ジュースでも水分補給になる？
水分補給のほかに気をつけることはある？

32 第7位 せきや鼻水だけで熱がないとき、どの程度で受診すればいい？
危険なせきの原因はどんなもの？／鼻水のときの受診先は小児科？　耳鼻科？

35 第8位 何日出ないと「便秘」なの？どう対処したらいい？
浣腸はクセになる？

38 第9位 鼻吸い器は1日何回までOK? やりすぎるとよくないの?
鼻吸いって本当に効果ある?/綿棒で鼻の奥までぬぐっていい?
41 第10位 何をしても泣きやまない……夜泣きにはどう対応したらいい?

病気のとき

病院の受診
46 夜間や休日でも急いで病院を受診したほうがいいのはどんなとき?
50 「カゼかな?」と思ったら早めに受診して薬をもらったほうがいいですか?
市販の解熱剤は使っていい?
ホームケア
54 カゼのとき、お風呂は控えるべき? シャワーもNG?
せきのケアでできることは?
56 夏カゼでのどが痛そう。水分補給や食事を嫌がります
発熱
57 平熱が低い赤ちゃんは、何度からが発熱ですか?
58 高熱が出ると脳にダメージが残るの?
けいれん
60 からだを冷やしたり、解熱剤を使ったりすると、熱性けいれんは予防できるの?
61 熱性けいれんは、一度起こすとクセになるの?
62 けいれんアレコレQ&A
高熱を出して小刻みにブルブル。これってけいれん?/親が熱性けいれんを起こしたことがあると、赤ちゃんも起こしやすいの?/就寝中に熱性けいれんを見逃さないか不安……。夜通し見守っていないと危険?/救急車がすぐ来るか心配。親ができることは?

嘔吐・胃腸炎
64 どれくらい吐いたら病院に行くべきですか?
胃腸炎になるたび体重が減るけど大丈夫?
68 薬のギモンQ&A
薬を飲ませようとすると泣いて嫌がります。どう飲ませたらいい?/薬を飲んだあと吐いたときは、もう一度飲ませるの?/子どもが薬を嫌がらないようにするためには、どんなことに気をつけたらいい?/座薬をうまくいれるコツは?/目を開けないときの目薬のさし方を教えて!

病気・事故の予防

感染症予防

72 何でも口に入れたがる赤ちゃん。どこまで手洗いや消毒をしたらいいの？
赤ちゃんにアルコール消毒液を使うのはNG？

74 マスクができない赤ちゃん。感染症予防はどうしたらいい？

76 胃腸炎の家庭内感染を防ぐ方法は？

79 中耳炎は予防できますか？

80 感染症予防アレコレQ&A
足の裏をこまめに洗うと感染症予防に効果があるってホント？／ほぼ家で過ごしていたのに、赤ちゃんがカゼをひいたのはなぜ？／カゼをひいたのは寒くさせたから？／夏カゼはプールでうつる？

予防接種

82 同時接種が心配です。一度に何本も打って大丈夫？

84 「ワクチンは不要」という話を耳にして、予防接種が本当に必要かためらうことがあります

86 予防接種アレコレQ&A
接種当日、鼻水が出ていても予防接種は受けられますか？／任意の予防接種も受けたほうがいいですか？／副反応が出たときはどうしたらいい？／HPVワクチンは将来受けさせるべきですか？ 男の子は受けなくていい？

事故予防

88 車内熱中症が心配です。車に乗せるときは何に気をつけたらいい？

90 何でも口に入れるので誤飲が心配。何か対策はありますか？

92 赤ちゃんがのどに詰まらせやすい危険な食べ物ってどんなもの？

94 子どもとお風呂に入るとき気をつけることは？

96 ソファから落ちて頭をぶつけた！すぐに病院に行ったほうがいい？
頭をぶつける事故を防ぐ方法は？

99 多少の危険は経験したほうがいいのか、事故はしっかり予防したほうがいいのか、どちらがいいのでしょうか？

100 子育て情報ウソ？ ホント？
牛乳を飲むと、背が伸びる／鉄製の調理器具を使っていれば鉄分不足は心配ない／真ん丸抱っこは発達にいい影響がある／男の子のほうが病気になりやすい／太陽の光にあたると骨が強くなる／足裏を刺激すると、脳にいい。運動神経もよくなる

PART 4 日々のお世話

肌のお悩み

104 たびたびオムツかぶれになってしまいます……
106 よく肌をかゆがっています。
もしかしてアトピー性皮膚炎？
アトピー性皮膚炎は予防できる？
108 塗るのをやめるとぶり返す……。
ステロイドの使い方に悩みます
111 あせもがひどくなったり治ったりを繰り返しています。
どうしたらいい状態を保てますか？
112 肌のお悩みアレコレQ＆A
頭皮の乾燥が気になっています／指しゃぶりで指がカサカサ。なめる場所はどうケアしたらいい？／寝る前や寝ている間からだをかきむしっていて心配……／蚊に刺されてパンパンにはれた！ どうしたらいい？／赤ちゃんにはどんな虫よけがいい？

うんち

114 緑や深緑色のうんちが出ます。これって正常？
116 ゆるいうんちがよく出ています。
どこからが「下痢」ですか？

デリケートゾーン

118 おちんちんは、むいて洗うの？
〝むきむき体操〟は必要ですか？
120 おちんちんをよくさわっていて気になっています
122 女の子のデリケートゾーンは
どこまで洗ったらいいですか？
123 ケアのお悩みアレコレQ＆A
おへその〝ごま〟は掃除したほうがいいですか？／日光浴って必要ですか？
124 検証！ 子育て情報 今・昔
お風呂上がりには湯冷ましを飲ませる／お風呂上がりにはベビーパウダーをつける／薄着で過ごすと丈夫に育つ／離乳食は果汁からスタートする／泣いてすぐ抱っこすると抱き癖がつく／布オムツを使って、早くオムツをはずすのがいい

PART 5 栄養と睡眠

授乳のお悩み

128 母乳をあげているあいだはケーキや揚げものを食べちゃダメ？
授乳中にコーヒーや紅茶を飲んでもいい？

130 赤ちゃんが寝ていても3時間おきに授乳しないといけないの？

131 フォローアップミルクは必要ですか？

132 完全母乳だと鉄分不足になりやすいの？

食物アレルギー

134 食後に口のまわりが赤くなることが……。これって食物アレルギー？

136 食物アレルギーは予防できますか？

138 離乳食を始める前に食物アレルギーの検査はできる？

139 アレルギー反応が出た食材はその先ずっと食べられないの？

140 食物アレルギーアレコレQ＆A
食物アレルギーの原因として増えている食材はある？／親・きょうだいに食物アレルギーがある場合、気をつけることは？／新しい食材を試すときは初回だけ注意すればいい？／「遅延型アレルギー検査」は役立ちますか？／「食物経口負荷試験」はどこで受けられますか？

睡眠・夜泣き

142 あお向けで寝かせてもいつのまにかうつぶせ寝に。そのまま寝かせていてもいい？

143 授乳しないと寝つきません。このままでいいのでしょうか？

144 おくるみでくるんだまま寝かせてもいいですか？
おしゃぶりをくわえたまま寝かせていい？

146 夜泣きに効く薬はありますか？

148 毎日夜泣きをしている赤ちゃん。睡眠がたりているか心配です

149 「メンタルリープ」と呼ばれるぐずり期が起こりません。大丈夫でしょうか？

150 赤ちゃんの不思議

眠るときに頭をブンブン振るのはなぜ？／寝る前に頭をひどくかきむしります／頭のてっぺんのペコペコは、いつ閉じる？／寝るときよく腕を上げているのはなぜ？／赤ちゃんも夢を見る？／後頭部の薄毛が気になる……

PART 6

気がかり・クセ

保育園

154 保育園に通い始めると、カゼをひきやすくなる？
入園後の生活では、どんなことに気をつけたらいい？／保育園に通わなくても病気と戦う力は身につく？

157 鼻水やせきが出ているけど熱がないとき登園の判断に悩みます

158 保育園になるべく休まず通うにはどうしたらいいですか？

160 せきやくしゃみなどカゼ症状がある子が登園していてうつらないか不安です……

161 熱や発疹が出ると「受診して検査を」と園に言われます。たびたび受診するのは気がひけます

162 0歳でもうすぐ入園しますが、子どもに申し訳なく思います……

クセ

164 指しゃぶりやおしゃぶりをしていると歯並びが悪くなる？
歯ぎしりは歯並びに影響する？

気がかり

167 頭の形をきれいにしたいのですが……
頭の形を整えるまくらを使ってもいい？

170 O脚がひどく心配。成長すればよくなる？
早くからひとり歩きを始めるとO脚になりやすいってホント？／べたずわり、いわゆる〝お姉さんずわり〟をよくしていて心配……。

173 横抱きを嫌がってそり返ります。ネットには発達障害の兆候とあり不安です……

174 口を開けていることが多いのですが、大丈夫でしょうか……？

体重

175 赤ちゃんのころに太っていると将来肥満になりやすい？

視力
176 出先でぐずるとスマホに頼ることが。視力への影響が心配です……

あざ
178 青いあざが気になっています。そのうち消えますか？
妊娠中の何かが影響してあざができたの？

聴力
179 赤ちゃんの耳の聞こえはどう確かめたらいいですか？

旅行
180 赤ちゃんも乗り物酔いしますか？
赤ちゃんと飛行機に乗るとき気をつけることは？

病院とのかかわり
182 通っている小児科の先生が接しづらい。かかりつけの病院を変えてもいい？
183 子どもが病院を嫌がらないようにするにはどうしたらいい？
184 小児科の先生といい関係を築くためにはどうしたらいいですか？
186 気がかりアレコレQ&A
はいはいを始める前につかまり立ちをすると発達によくないってホントですか？／赤ちゃんの舌の一部が白くなっているのですが……？／哺乳びんの消毒は、いつまで必要？
187 参考文献
190 CONCLUSION

STAFF

アートディレクション
柴田ユウスケ（soda design）

デザイン
吉本穂花、竹尾天輝子、三上隼人
（soda design）

イラスト
加納徳博

編集協力
大道寺恵美子

校正
株式会社東京出版サービスセンター

※この本の情報は
2023年10月現在のものです。

PART 1

みんなのお悩み TOP10

「あるある！」なお悩み上位10項目を大発表！
今のあなたのお悩みに重なるものがあるかも？

けいれんが起きたらどう対処したらいい？

Question

第1位
219人が知りたい！
知りたいレベル ☆☆☆☆☆

ほとんどは5分以内におさまるのでまずは落ち着いて！

Answer

- けいれんが5分以上続いているときは救急車を呼ぶ
- 口の中にものを入れる、顔をたたく、からだを揺するのはNG！

けいれんとは、何らかの原因により脳神経が異常に興奮して、本人の意思とは関係なく一定時間からだがガクガクふるえたり、つっぱったりする状態のことです。白目をむく、口から泡を吹く、嘔吐することもあります。

けいれんを起こした子どもを目の当たりにすると、あわててパニックになるママ・パパも少なくありませんが、けいれん中も呼吸はあり、心臓も動いています。そして、ほとんどのけいれんは5分以内におさまり、命にかかわる恐れや後遺症の心配はありません。赤ちゃんがけいれんしたら、まずは落ち着いて、赤ちゃんを安全な場所に寝かせることに意識を向けましょう。

救急車を呼ぶ目安として「けいれんが5分以上続いているとき」としていますが、不安が強ければ、けいれんしてすぐ救急車を呼んでもOK。

けいれんの受診の目安

救急車を呼ぶ	● けいれんが5分以上続いている ● けいれんがおさまってから30分たっても意識が戻らない
診察時間外でもすぐに受診	● 生後初めてけいれんした ● けいれんを24時間以内に繰り返した ● けいれんの様子が左右で異なる ● けいれんする前に頭を強くぶつけた ⚠ 上記のような状態でも、次の場合は救急車を呼んでください。 ● 意識が戻っているか判断できないとき ● 赤ちゃんを見守る大人が1人だけのとき ● 外出先でけいれんが起こったとき

心配なときは5分待たずに呼んでもOK!

※上記以外のけいれんで、症状がおさまり意識が回復した場合、あわてる必要はありませんが、念のため病院を受診するか電話で相談してください。

赤ちゃんの近くにいる大人が1人の場合も、救急車を呼んでください。これは、病院に向かう途中、2度目のけいれんが起こったときに対処するためです。ベビーカーや自転車で病院へ行くのも避けてください。

けいれんは、前触れなく起こります。いざというときのために、下記で紹介する対処法を知っておきましょう。

これも知りたい！
おかわりQ

外出先でけいれん！どうしたらいい？

まず広くて平らなスペースを探して、そこに赤ちゃんを寝かせます。そして、下で紹介する通りに対処します。赤ちゃんの安全を確保できたら、15ページの受診の目安に沿って対処してください。

動画撮影はしなきゃダメ？

けいれんの撮影は、余裕があるときだけでOK。あれば診察時に助けになりますが、なくても診断はできます。赤ちゃんの安全確保を最優先しましょう。

[けいれんが起きたときは]

1 平らで安全な場所に寝かせる

家具やものにぶつからないような広いスペースに赤ちゃんを寝かせて、首やおなかまわりがラクになるように、ボタンをはずすなどして、衣服をゆるめます。

▼

2 顔を横に向ける

泡を吹いたり、嘔吐したりすることがあるため、口から出たものでのどが詰まらないように、顔は横向きにします（左ページ上イラスト参照）。

▼

3 時間を計り、様子を観察する

けいれんしている時間を計り、けいれんの様子を観察します。スマホで動画撮影するのも◎。けいれんの様子を受診時に伝えると、診断の役に立ちます。救急車を呼ぶときは、このタイミングで電話しましょう。

ここをCHECK！

熱はある?

熱性けいれんか、それ以外のけいれんかを診断するために必要な情報です。

目はどこを向いている? 顔色は?

けいれんかどうかを見極めるために有用な情報です。けいれんでは、目が一方向を凝視していたり、顔色が青かったりすることも多いです。

手足の動きは左右対称?

詳しい検査が必要なけいれんかどうかを診断する手がかりになります。

何分けいれんしている?

多くのけいれんは3分ほどでおさまります。もし5分以上続く場合は、救急車を呼んで！

けいれん後の意識は?

けいれんがおさまったら名前を呼んで、普段のように反応をするかを確認します。けいれん後は、20～30分ほど眠ったり、ボーッとしたりすることも。30分以上たっても意識が戻らない、意識が戻ったか判断できないときは、至急受診してください。

NG! これはやってはダメ!

× 心肺蘇生をする

（けいれん中も心臓は動き、呼吸もしているので必要ない）

× 抱っこする

（けいれん状態を観察できないため）

× けいれん中や直後に飲み物や飲み薬を与える

（誤嚥すると危険）

× 揺すったり、顔をたたいたりする

（脳の異常な電気信号を鎮めるために、余計な刺激は与えない）

× 口の中にものや指を入れる

（嘔吐したときに吐いたものがのどに詰まって危険）

Question

耳掃除はしなくていいってホント？

第2位
172人が知りたい！
知りたいレベル ★★★★★★

Answer

家庭での耳かきは不要です！

- 耳の中にある細かい毛が耳アカをからだの外へ排出する
- 耳掃除のやりすぎは、耳アカが詰まる、外耳道を傷つける可能性がある

耳の中には細かい繊毛（せんもう）があり、耳に入った異物や耳アカは自然にからだの外へ排出されます。また、耳アカは外耳道の皮膚を保護したり、細菌やカビが繁殖するのを防いだりする働きもあるため、無理にとる必要はありません。

綿棒などで耳掃除をすると、耳アカを奥に押しこんだり、外耳道を傷つけたりする可能性があります。耳アカが気になるときは家庭で無理にとろうとせず、耳鼻科を受診しましょう。

これも知りたい！
おかわりQ

お風呂の水が耳に入って中耳炎になることはある？

入浴中に耳に水が入って中耳炎になることはありません。下のイラストにあるように、外耳と中耳は鼓膜により隔てられていて、外耳から入った水が中耳に入りこむことはありません。耳に入った水は、耳アカと同様に繊毛によって自然と外へ排出されるので、そのままにしていても心配ありませんよ。

ただし、耳たぶのまわり（耳介（じかい））は汗やアカがたまりやすいので、入浴時にケアを。石けんで洗ってタオルなどで水分をふきとり、保湿剤を塗るといいでしょう。

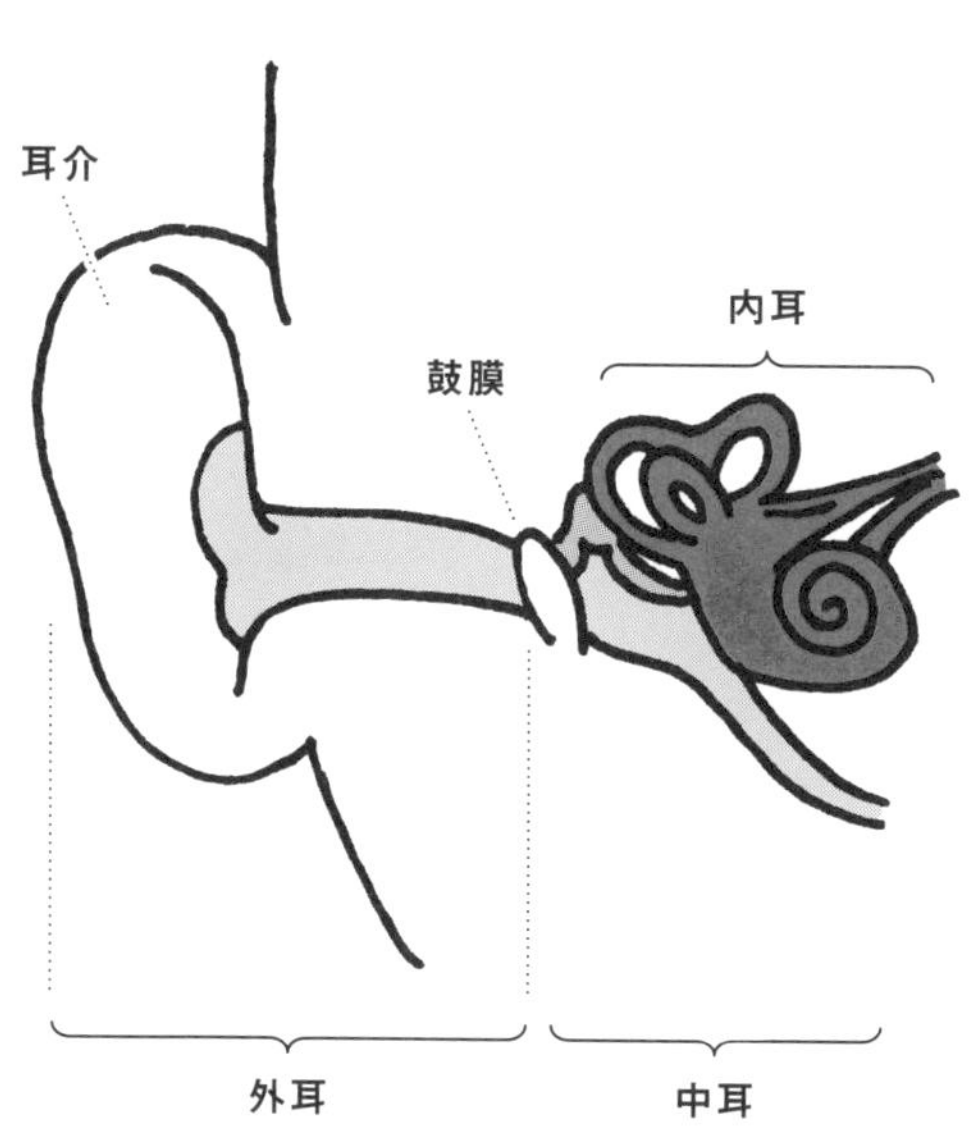

第3位
139人が知りたい！
知りたいレベル ★★★★★

Question

食物アレルギーが心配。離乳食の進め方で気をつけることは？

Answer

自己判断で遅らせず、離乳食の基本に沿って進めましょう

- 自己判断で特定の食べ物を除去したり遅らせたりすると栄養不足につながる恐れも
- 強いアレルギー体質があるなど心配なときはかかりつけ医に相談して

原因となる食べ物を摂取したあとに、さまざまなアレルギー症状が出ることを、食物アレルギーといいます。

厚生労働省「授乳・離乳の支援ガイド（2019年改定版）」によると、3歳時点で食物アレルギーをもつ子どもの割合は年々増加しています。原因物質としては、乳児期は主要食材である「鶏卵・牛乳・小麦」でアレルギー反応が出ることが多いです〔1〕。

こうしたデータを見ると、鶏卵・牛乳・小麦をいつから食べさせるか迷ってしまうかもしれませんが、これらの食材の食べ始めを自己判断で遅らせることは予防にならず、かえって逆効果となる場合があります。

かつては、赤ちゃんの消化管は未発達のため早く食べさせると食物アレルギーになりやすいと考えられていました。しかし現在は、「食材を適切な時期に食べ始めることで、からだが食べ物を許容して、食物アレルギーになりにくい」ということがわかってきました。

離乳食は、自己判断で遅らせず、厚生労働省が示す離乳食の基本に沿って進めていくことが、予防のうえでも大事です。次のページで紹介するポイントに気をつけながら、適切な時期に新しい食材を食べ始めましょう。

三大アレルゲンの食べ始め目安

卵黄
生後5～6ヵ月ごろ

小麦
生後5～6ヵ月ごろ

卵白
生後7～8ヵ月ごろ

牛乳（調理用）※
生後7～8ヵ月ごろ

※飲用として加熱せず飲ませるのは1歳以降

[新しい食材を食べさせるときは]

☑ 新しい食材は体調のいいときに試す

カゼぎみなど体調が悪いときは、アレルギー反応が出やすいもの。体調のいいときに試しましょう。

☑ 外出時は避け、午前中やお昼に試す

いざというとき受診しやすい時間帯に食べさせましょう。万が一のことを考えて、外出時は食べ慣れた食材を食べさせるのがおすすめです。

☑ 一度に1種類ずつ、少量から試す

症状が出たとき、どの食材が原因かわかるように、1種類ずつ少量から試しましょう。

☑ 食材にはしっかり火を通す

卵など、火の通りが不十分だとアレルギー反応が出やすくなる食材もあります。中までしっかり加熱しましょう。

☑ 一度試して問題ないようなら、少しずつ増やす

アレルギー反応は、食べた量が多いほど出やすくなります。一度食べて問題ないときも、少しずつ量を増やして様子を見ましょう。

離乳食(補完食)開始後も、母乳やミルクは無理に減らさなくてOK!

離乳食は、母乳だけではたりなくなる栄養を補う食事です。WHO(世界保健機関)は、こうした意味合いから離乳食にかわる言葉として「補完食」と表現しています。離乳食を始めても、子どもがほしがるなら母乳やミルクを無理に減らす必要はありませんよ。

137人が知りたい！

知りたいレベル ★★★★★

赤ちゃんにも日焼け止めは必要ですか？

Question

紫外線は、まず物理的にガードして。日焼け止めの使用は、生後6ヵ月から

Answer

- 夏はなるべく紫外線の強い10～14時の外出は避けて
- 日焼け止めは、湿疹などのトラブルがない皮膚に使用する

曇りの日でも、晴天の日の約8割の紫外線が出ています〔2〕。長時間紫外線を浴びると、赤ちゃんの皮膚ではヤケドのような炎症になることもあります。

そこで気になるのが、「日焼け止めをいつから使っていいの？」ということです。日焼け止め製品の使用試験が報告されているのは生後6ヵ月以降であることから、使用は生後6ヵ月以降を目安に考えるといいでしょう。

また、湿疹がある場所に日焼け止めを使うと、悪化したりかぶれたりする可能性があります。日焼け止めは、

・生後6カ月以降
・外出して日光に30分以上あたるとき
・湿疹などのトラブルがない皮膚

に使用しましょう。使用後は、よく泡立てた石けんでしっかり洗い落としてください。日焼け止めは軽く洗い流すだけでは落ちきらないことがあります。

日焼け止めを使う以前に、赤ちゃんの紫外線対策としてまず行いたいのは、紫外線を物理的にさえぎることです。日ざしの強い夏は、紫外線の強い10～14時をなるべく避けて外出しましょう。そして日中の外出時は、イラストのような物理的なガードをしっかり行いましょう。

これも知りたい！
おかわりQ

日焼けしてしまったらどうする？

赤みが出ているときは、タオルで包んだ保冷剤やぬれタオルなどで冷やし、ローションなどで保湿を。冷感スプレーや冷却シートは、痛みが増す可能性があるので使用を避けましょう。「赤みがひかない、痛みが強い、水疱ができた」のいずれかに当てはまるときは受診してください（水疱は破らず受診して）。

[紫外線を物理的にガードするコツ〔2〕]

ベビーカーの日よけは下げ
日なたにくらべて
紫外線約50%減の
日陰を歩く

七分袖や襟つきなど、
からだを覆う部分が
多い服を着る

紫外線が強い
10〜14時は、
できるだけ外出を避ける

帽子のつばが
7cmあると
紫外線を約60%カット

[生後6ヵ月からの日焼け止めの選び方]

無香料・無着色・
紫外線吸収剤不使用
(ノンケミカル)の
ベビー用のもの

＋

SPF15〜20、
PA++〜+++のもの

どちらにも当てはまるものを選びましょう

133人が知りたい！

知りたいレベル
★★★★★

肌の保湿はどの程度したらいいですか？

Question

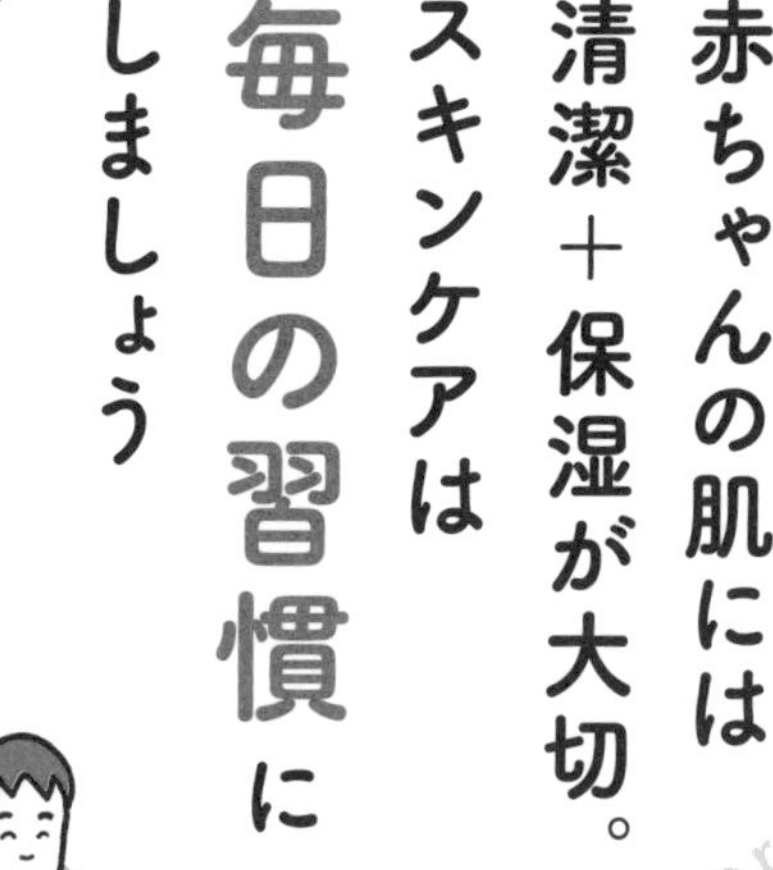

赤ちゃんの肌には清潔＋保湿が大切。スキンケアは毎日の習慣にしましょう

Answer

- スキンケアで皮膚のバリア機能を補い皮膚トラブルを予防
- 保湿することでアトピー性皮膚炎の予防につながる可能性がある

赤ちゃんの皮膚は、大人の半分程度の薄さ〔3〕で、表面の水分や皮脂も大人より少なく、とてもデリケート。さまざまな異物が皮膚の中に入るのを防ぐ「バリア機能」も未熟で、よだれや食べ物など、ちょっとした刺激にも影響を受けます。

皮膚に炎症が起きると、さらにバリア機能が低下し、病原菌やアレルゲンが侵入しやすくなります。湿疹やあせも、オムツかぶれなどの皮膚トラブルを予防・改善するためには、皮膚を清潔に保ち、保湿によって皮膚のバリア機能を補うことが大切です。

また、保湿を継続することでアトピー性皮膚炎の発症リスクを下げられる可能性を示唆する研究もあります〔4〕。次のページで紹介するポイントを参考に、スキンケアを毎日の習慣にしましょう。

スキンケアを続けても、湿疹や乾燥、かゆみなどの症状が改善しないときは、ホームケアだけで治そうとせず、診察時間内に受診して相談しましょう。受診先は、赤ちゃんの肌について熟知している小児科や皮膚科のクリニックがいいでしょう。

これも知りたい！
おかわりQ

保湿は何歳まで続けるの？

あくまで個人的な意見ですが、少なくとも3歳ごろまで、できれば就学前までは、毎日の習慣にするのがおすすめです。保湿をしすぎると丈夫な肌をつくる力が育たなくなるということはないので、肌のバリア機能を補うためにも続けられるといいですね。

[スキンケアのポイント]

清潔

- [x] 食べカスや泥汚れなどがついたときは、
石けんで洗い流して皮膚を清潔に保ちましょう。

- [x] 石けんは汚れとともに皮脂も落とすので、
肌の乾燥が進む可能性も。
赤ちゃんの肌質や、
その日の肌の状態に応じて使いましょう。

- [x] 汗をかく夏はこまめな洗浄がおすすめですが、
空気が乾燥する秋冬は、
肌が安定しているようなら
石けんの使用を控えめにしてもOK。

洗い方のコツ[5]

- スポンジで洗うと肌への
刺激が強すぎるので、手で洗う
- 手で軽く肌を
もむようにして洗う
(肌の表面をなでるように
洗うだけでは不十分)
- シワやたるみは
伸ばしながら洗う
- 石けんは十分に洗い流す
(皮膚に残ると肌トラブルの原因に)

これも知りたい!
おかわりQ

保湿剤は
どう選んだらいい?

赤ちゃんの肌に合い、使いやすいものであれば、市販のものでも病院で処方されたものでも、どちらでもかまいません。保湿剤は、大きく分けて次の2種類があります[5]。市販の保湿剤を選ぶときの参考にしてください。

エモリエント(ワセリンなど)

- 皮膚から水分が蒸発しないように防ぐ
- 食べ物とよく触れて保湿剤が取れやすい口のまわりの保護におすすめ

モイスチャライザー

- エモリエントにヘパリン類似物質や尿素などの保水作用のある成分を加えたもの
- 湿疹や乾燥肌のケアにおすすめ

保湿

入浴後は、全身にたっぷりと保湿剤を塗りましょう。「ティッシュ1枚を肌につけたときに落ちないくらい」の量が目安。石けんを使わずに洗ったあとにも塗るといいでしょう。

☑

保湿剤を塗るのは1日2回程度が目安ですが、乾燥が気になるときは回数を増やしてもOKです。

第6位

132人が知りたい！

知りたいレベル ★★★★★

Question

熱中症が心配。水分補給のコツは？ジュースでも水分補給になる？

Answer

いつもの飲み物をこまめにあげて。ジュースやイオン飲料の常飲は避けましょう

- 母乳やミルクを飲んでいれば、予防のための水分補給は湯冷ましや水でOK
- 水分がたりているかは、おしっこがいつも通り出ているかで判断して

暑さにからだが適応できないことで起こるさまざまな症状を総称して「熱中症」といいます。熱中症の予防に大切なのは暑さを避け、適度に休むこと。そして、水分補給です。冷房の効いた室内で過ごすときの水分補給はいつも通りで大丈夫ですが、暑い時期に外出するときは、こまめに水分をとることが大切です。

電解質が含まれている母乳・ミルクを飲んでいるか、もしくは卒乳して食事で塩分がとれていれば、予防のための水分補給は水や湯冷ましでOK。水分がたりているかは、おしっこがいつも通り出ているかで判断しましょう。

経口補水液は、脱水の治療には適していますが、塩分・糖分が多いため、熱中症予防のために飲ませるのはおすすめしません。

ジュースやイオン飲料も、普段の水分補給では避けましょう。いずれも糖分が多く含まれていて、虫歯の原因になるリスクがあります。また、糖分は分解されてエネルギーに変わる際にビタミンB_1を多く消費するため、過剰な糖分摂取はビタミンB_1欠乏につながる可能性があり、イオン飲料の連日摂取によるビタミンB_1欠乏の症例も報告されています[6]。水分を飲みたがらないときは、ママ・パパがおいしそうにコップなどで飲んでいる姿を見せるのも一案ですよ。

これも知りたい！
おかわりQ

水分補給のほかに気をつけることはある？

熱中症予防といえば、水分摂取が強調されがちですが、それ以上に大切なのが、「暑い環境を避けて休むこと」と「熱を逃しやすくするため体表面を冷やすこと」です。赤ちゃんは大人より地面に近いため、地表からの照り返しを受けやすく、炎天下のベビーカー内は高温です。紫外線の強い10～14時の外出を避けることやエアコンの効いた室内で昼寝をすることは、有効な熱中症対策といえます。

せきや鼻水だけで熱がないとき、どの程度で受診すればいい？

Question

第7位

130人が知りたい！

知りたいレベル ★★★★★

「飲む・眠る・遊ぶ」ができていれば、家で様子を見てOK！

Answer

- 左ページの「呼吸が苦しそうな様子」に当てはまるときはすぐに受診
- カゼ症状の中でもせきと鼻水は長引きやすい傾向がある

子どものせきや鼻水は、多くの場合、カゼなどの急性の呼吸器感染症が原因です。せきや鼻水は、ウイルスなどの病原体をからだの外に出すための正常な防衛反応のひとつであり、無理におさえる必要はありません。

せきや鼻水が出ていても、熱などのほかの症状がなく、機嫌がいいようなら、ホームケアをしながら家で様子を見ていて大丈夫です。

一方、下に示した「呼吸が苦しそうな様子」に1つでも当てはまるときは、夜間や休日でもすぐに受診してください。

乳幼児は大人より気道が細いため、呼吸器疾患にかかると呼吸が苦しくなりやすい傾向があります。せきの症状が長引いている、鼻水・鼻詰まりが何日も治らない、母乳やミルクが飲みにくそうな様子があるなど、気になる症状が

せき・鼻水の受診の目安

すぐに受診	次のような「呼吸が苦しそうな様子」がある ・顔色が悪い ・ぜいぜいが聞こえる ・肩で呼吸をしている ・鼻の穴がピクピクしている ・息を吸うと鎖骨の上や肋骨の下がくぼむ ・呼吸回数が1分に60回以上ある
診察時間内に受診	・せき、鼻水が多く気になるが、水分はとれている ・せきが長引いている

あって心配なときは、診察時間内に受診しましょう。診察時間内であれば、些細な症状で受診しても問題ありません。

せき・鼻水は、カゼ症状の中でも長引きやすいものです。子どものせき症状は10日後でも50％の子どもに残っていたという研究〔7〕もあります。子どものカゼは、治るまで10日以上かかることも珍しくないと知っておくと、不安が軽減するかもしれません。

どんなタイミングで病院に行ったらいいのだろうかと、はじめは迷うことがあるかもしれません。トライ&エラーを繰り返すことで、家で様子を見ていていいかどうか、わかるようになっていきますよ。

これも知りたい！
おかわりQ

危険なせきの原因はどんなもの？

食後の突然のせきは、直前に食べたものへのアレルギー反応の可能性があります。また、おもちゃで遊んでいた子が急にせきをして息苦しそうな様子を見せた場合、おもちゃによる気道異物（窒息）の可能性もあります。いずれもすぐに対処して受診する必要があります。

鼻水のときの受診先は小児科？耳鼻科？

鼻水だけでほかに症状がなければどちらでもOK。発熱など全身の症状があるときは小児科がいいかもしれません。あらかじめ症状によってかかりつけを決めておき、迷ったときは小児科へという考え方でいいと思いますよ。

第8位

127人が知りたい！

知りたいレベル ★★★★★

何日出ないと「便秘」なの？どう対処したらいい？

Question

3日に1回以下が目安ですが苦しそうなときは早めに受診して

Answer

- ☑ 回数は少ないが便がやわらかいときは成長とともに改善することが多い
- ☑ かたい便が出口をふさぎ3日以上排便がないときは綿棒浣腸でケア

うんちが腸にたまって出にくい状態、または排便するときに苦痛をともなう状態を「便秘」といいます。

うんちを体外に押し出すためには、さまざまな筋肉の共同作業が必要です。1日1回以上やわらかいうんちが出るのが理想ですが、生後数ヵ月以内は便を出す力も弱く、踏んばり方も上手ではないため、便が出にくいこともあります。この場合、出てきた便はやわらかいことが多く、成長とともに出し方を体得して、自然と改善することがほとんどです。おなかの張りも気にならず、体重が順調に増えていれば問題ありません。

一方、うんちがかたく、出口をふさいでいるときは、浣腸で詰まったうんちを取り除くケアを行います。その後、便秘の薬を内服します。

3日以上排便がないときは、左ページで紹介する綿棒浣腸を行ってもいいでしょう。また、ガンコな便秘の中には、腸の神経節細胞が生まれつきないヒルシュスプルング病などの病気が隠れていることもあります。1週間以上排便がないときや、毎日排便があっても左の項目に1つでも当てはまるときは、早めに小児科を受診してください。

便秘は、ほうっておくと便がさらにかたくなり、ますます出づらくなる悪循環に陥りやすいので、早期の治療開始が解消への近道です。

1つでも当てはまるときは診察時間内に相談を

- うんちがかたくて出すときに苦しそう
- 排便するときに出血している
- 1週間以上のガンコな便秘を繰り返す
- 食欲がなく食事量が減っている、母乳・ミルクの飲みが悪い
- 腹痛や嘔吐などの症状もある

便秘のホームケア

エビデンスのある対処法

食物繊維をとり入れる

食物繊維をとると、便の量が増え、小児の便秘の治療に有効である可能性が報告されています[8]。食物繊維が豊富な食材を、月齢に応じて離乳食にとり入れましょう。ただし、数日排便がなくうんちが詰まっているときに始めると、腹痛がひどくなることがあります。詰まっているときは小児科で相談し、浣腸などのケアも検討しましょう。

食物繊維が豊富な食べ物

- ほうれんそう、にんじん、かぼちゃなどの緑黄色野菜
- さつまいも、じゃがいもなどのいも類
- 根菜、きのこ
- 納豆、きな粉などの豆類
- わかめや寒天などの海藻

3日出なければやってもOK！

綿棒浣腸

1. **新聞紙やオムツを下に敷き、おしりをしっかりつける**（おしりが浮いていると不安定で危険）。
2. **オイルやワセリンなどを塗った大人用綿棒を、やや背中側に向けるようにして**（おなか側には尿道や膀胱などがあるため）、**綿棒の綿部分が隠れるくらい（1cm程度）まで赤ちゃんの肛門に入れ、ゆっくりまわす。**
3. **出ない場合は、無理せず病院で相談を。**

エビデンスのない対処法

サプリメント・おしりのツボ・太ももの体操・砂糖水・経口補水液

残念ながら、これらが便秘に効くという医学的な根拠はありません。改善しないようなら、無理せず早めに小児科で相談しましょう。

これも知りたい！ おかわりQ

浣腸はクセになる？

浣腸は、たまったうんちを外に出し、便秘を慢性化させないために行います。「浣腸がクセになる」と不安になる保護者もいますが、医学的根拠はないので安心してください[9]。便がたまった状態が続くと、腸が広がり、便意を感じにくくなるため、便秘がさらにひどくなります（便秘の悪循環）。これを断ち切るのが、浣腸をはじめとする便秘の治療です。

第9位
91人が知りたい！
知りたいレベル ★★★★★

鼻吸い器は1日何回までOK？やりすぎるとよくないの？

Question

鼻吸いは積極的に行ってOK！激しく嫌がるときは病院で吸ってもらって

Answer

- 説明書通りに使用していれば、鼻や耳を傷つけることは考えにくい
- こまめな鼻吸いにより、カゼ症状が早く改善したという報告がある

鼻水が出ているときに有効なホームケアが、「こまめに鼻を吸うこと」です。

鼻吸いについて、1日何回までOKという明確な基準はありません。とはいえ、鼻吸い器の説明書通りに使用していれば、鼻や耳を傷つけることは考えにくく、吸って赤ちゃんが楽になるようであれば、積極的に行ってOKです。

最近は、ベビー用の生理食塩水点鼻スプレーもあります。生理食塩水による点鼻・鼻洗浄が、鼻詰まりなどのカゼ症状を多少改善できる可能性があるという報告〔10〕もあるので、試してみてもいいでしょう。

「それなら、赤ちゃんが嫌がっても吸ってあげたほうがいいの？」と感じるかもしれません。激しく嫌がるときは家庭で無理せず、小児科や耳鼻科で吸うのもありでしょう。嫌がる赤ちゃ

［ 鼻吸いのコツ ］

- ✓ 鼻吸い器は、二次感染のリスクが低い電動タイプがおすすめ
- ✓ 寝かせた状態で行うと、鼻水がのどにたれてうまく吸えないので、首がすわっていれば、ひざの上に抱えて吸う
- ✓ 一気に吸わず、少しずつ吸引する

んと格闘しながら鼻吸い器を扱うのは困難ですし、長い時間号泣することでかえって鼻水が増えてしまうこともあり得ます。診察時間内に病院でしっかり吸ってもらうことで、親子ともすっきり過ごせるかもしれませんね。

ちなみに、病院で鼻を吸っても、鼻詰まりが解消するのは数時間ほどです。そのときの症状や赤ちゃんの機嫌、1日の予定などを考えて、「今するのか、しないのか」「病院でしてもらうか、家庭で行うか」を判断するといいでしょう。

これも知りたい!
おかわりQ

鼻吸いって本当に効果ある?

こまめに鼻吸いをすることで、カゼ症状が早く改善したという海外の研究[11]があります。ヒューヒュー、ぜいぜいなどの音が出るカゼ症状がある生後3ヵ月から6歳の小児に対し、電動の鼻吸い器で吸引した子と、吸引していない子をくらべると、鼻吸い器で吸引した子のほうが、気道症状が改善するまでの日数が短くなったと報告されています。自分で鼻がかめるようになる3歳前後までは、鼻吸い器でこまめにケアしましょう。

綿棒で鼻の奥までぬぐっていい?

鼻の粘膜を傷つける恐れがあるので避けましょう。鼻の中には細かい毛が生えていて、空気中のホコリなどの異物をキャッチする役割をはたしています。鼻の粘膜が傷つくと、こうした機能が低下することが考えられます。鼻水が気になるときは、家庭用鼻吸い器で吸引するか、病院で吸ってもらいましょう。

第10位

90人が知りたい！

知りたいレベル ★★★★★

何をしても泣きやまない……夜泣きにはどう対応したらいい？

Question

「赤ちゃんは泣きやまないことがある」とまず知っておきましょう

Answer

- 夜泣きは発達の過程で起こり得る自然なこと
- 夜泣きの原因は追究してもわからないことが多い

[泣きやまないときはこうしよう]

1

夜泣き対応の役割分担を決めておく

ママだけ、パパだけなど1人で抱えこまずに、家族全員でのりきることが大事。夜泣き対応は親の精神的な負担が大きいため、家庭で役割分担しましょう。

▼

2

生理的な欲求にこたえる

- 授乳する
- 寒い・暑いようなら室温を調節する
- オムツをかえる

▼

3

確認してみる

- オムツかぶれがあるか
- 着ている服がきつくないか
- 乳歯が生えかけているか
- 指に髪の毛・衣服の糸などがからまっていないか※

※知ってる? ヘアターニケット症候群

赤ちゃんの指に髪の毛や衣服の糸などが強く巻きつき、はれや痛みが生じる状態のことをいいます。ごくまれではありますが、泣きやまない・夜泣きの原因になることがあります[15]。泣きやまないときは、手足の指を一度確認してみましょう。

▼

4

赤ちゃんから離れてみる

- 赤ちゃんを安全なところにあお向けに寝かせる
- 目の届く範囲で10〜15分ほど休憩する（お茶を飲む、電話で話すなど）

何をしても泣きやまず、赤ちゃんの泣き声を聞くのがつらくなってきたら、顔のまわりや寝返りした先に顔をおおうもの、口に入るような小さいものがないところに赤ちゃんをあお向けに寝かせ、赤ちゃんの声が聞こえるところで少し休憩しましょう。安全が確保できていれば、このくらいの時間離れていても赤ちゃんは大丈夫。6万人を超える小児科医が所属する米国小児科学会ウェブサイトでも、いろいろなことを試して解決しないときのいちばんいい方法は、「赤ちゃんから離れること」としています[16]。

生後4ヵ月以降に、いったん寝ついたあとに何度も目覚めて泣くことを「夜泣き」といいます。医学的に明確な定義はなく、睡眠サイクルが不安定なことと関係しているとの説もありますが、明確な原因はわかっていません。

泣きやまないと心配になりますが、赤ちゃんが理由なく泣き続けることは発達の過程で自然にあります[12]。元気で大声で泣き、ほかの症状がなく哺乳できていればあわてて受診する必要はありません。右ページを参考に、まずは生理的欲求にこたえ、不快の原因がないか確認しましょう。

なお、泣きやませようと発作的に揺さぶってしまいそうになるかもしれませんが、これは乳幼児揺さぶられ症候群という非常に危険な脳損傷をもたらす恐れがあるため、絶対にやってはいけません。

泣きやまず診察時間外でも受診したほうがいいのは

- 泣き声が弱々しく、ぐったりしているとき
- 顔色が普段と違って悪いとき
- くり返し嘔吐しているとき

NG! これはやってはダメ!

× 赤ちゃんを強く揺さぶることは危険です!

赤ちゃんを強く揺さぶると、頭がぐらぐらして脳や眼底に出血を起こしてしまい、場合によっては死に至る、いわゆる「乳幼児揺さぶられ症候群」を起こすことがあります。発作的な行動を防ぐためにも、家族で負担を分担したり、数分リフレッシュしたりすることが大切です。

夜泣きは一般的に2歳過ぎにはおさまることが多いようです（個人差あり）。眠りを妨げられるママやパパにとっては非常につらく、原因を追究したくなりますが、原因不明のことも多いです。ひと通り試し、それでも泣き続けるときは赤ちゃんを安全なところに寝かせて少し離れ、休憩することをおすすめします。

夜泣きが続いても赤ちゃんには無害で、「泣きやませられないと発達に影響が出る」という説に根拠はありません。一方で無理に泣きやませようとすることで子どもを傷つけてしまうリスクが高くなることや[13]、夜泣きによって母親の産後うつのリスクが高まることが報告されています[14]。したがって、むしろ親自身のフラストレーションへのケアが大切です。

夜泣き対応は、家族で役割分担することが大切。どのように役割分担しておくか、あらかじめ相談しておけるといいですね。

こんな夜泣きの対処法もあります

- **おくるみで包む**
- **ベビーカーや抱っこひもで外に出る**
- **（チャイルドシートに固定して）車に乗せる**

赤ちゃんが泣きやまないときは、環境を変えてみるのもひとつの方法です。住宅事情により外出が難しいときは、寝室からリビングへ移動したり、ベランダで風にあたったりするのもいいでしょう。

PART 2

病気のとき

「これが知りたかった！」

受診の目安やホームケアのコツを紹介

Q

病院の受診

夜間や休日でも急いで病院を受診したほうがいいのはどんなとき？

39人が知りたい！

知りたいレベル ★★★★★

A

下の項目に1つでも当てはまるときはためらわず受診してください

感染症流行時も目安はコレ！

こんなときは夜間・休日でもすぐに受診！

- 水分がとれず、半日以上おしっこが出ない
- ぐったりしている
- けいれんしている
- 生後3ヵ月未満で38度以上の熱がある
- 苦しそうな呼吸をしている

赤ちゃんが夜中や休日に熱を出すと、不安になるものですよね。心配な感染症が流行している状況では、すぐに病院へ行ったほうがいいのか、それとも二次感染のリスクを考えて受診を控えるべきか、判断に迷うこともあるでしょう。

ＲＳウイルス感染症や新型コロナウイルス感染症、夏カゼ、インフルエンザなどの感染症がはやっていても、緊急受診の目安は右に示した通りです。１つでも当てはまるときは、夜間でも休日でもすぐに受診してください。では、緊急受診の目安を１つずつ見ていきましょう。

水分がとれず、半日以上おしっこが出ない

子どもは体重に占める水分の割合が大人よりも大きく、代謝も活発なため、汗やおしっことしてからだから出る水分が多いです。そのため、脱水には注意が必要です。

胃腸炎などで嘔吐を繰り返したり、ぐあいが悪かったりして水分がとれないときは、まずおしっこがいつも通り出ているかを確認します。おしっこがいつも通り出ていれば、水分はたりているということ。一方、半日以上おしっこが出ていないなど、明らかにおしっこが少なく脱水が心配なときは受診しましょう。

水分がとれていれば、食欲がいつもより少なくても、あわてて受診する必要はありません。

ぐったりしている

「飲む・寝る・遊ぶ」ができず、普段とくらべて明らかに泣き声が弱い、からだの動きが少ない、顔色が悪い、唇が青白いなどの様子がある

ときは、すぐに受診を検討してください。

ぐったりしているという表現では判断しづらいようなら、「いつもと明らかに様子が違い、ママ・パパが不安になる状態」と考えてみましょう。小児科医は子どもの病気の専門家ですが、赤ちゃんの普段の様子を知っているママ・パパは「うちの子の専門家」です。赤ちゃんの全身状態を観察して、いつもの様子とくらべて判断しましょう。

けいれんしている

赤ちゃんがけいれんを起こしたときは、15ページで紹介した受診の目安に従って対処します。熱性けいれん以外には、胃腸炎にともなうけいれんもときどきあります。胃腸炎にともなうけいれんは、短時間に何度も繰り返すことが多いです。

生後3ヵ月未満で38度以上の熱がある

赤ちゃんは母親から譲り受けた免疫をもって生まれてきますが、だからといってカゼなどの感染症にかからないわけではありません。赤ちゃん自身の免疫は未発達で、むしろウイルスと戦う手段は母親から譲り受けた免疫だけに依存した、無防備な状態です。生後3ヵ月未満で38度以上の熱が出たときは、重い感染症の可能性もありますので、赤ちゃんが元気でも、すぐに受診が必要です。

苦しそうな呼吸をしている

乳幼児は気道が細いため、年長児の子どもよりせきや鼻水で呼吸が苦しくなりやすいです。

カゼ症状があるときは、症状の変化に気をつけて、33ページで紹介した「呼吸が苦しそうな様子」が見られた場合は、すぐに受診してください。

これらの項目に当てはまらず、赤ちゃんの機嫌がいいようなら、基本的に急いで受診する必要はありません。よくある誤解は、せきや鼻水で「早めに薬を飲めばよくなるのでは」というものです。しかし、感冒薬は症状を緩和するものであり、早く飲んでも早く治るわけではありません。むしろ、家でしっかり休むことがいちばん大切です。夜間の救急外来や休日診療は待ち時間が長く、小児科医がいなかったり、1日分の処方薬しか出せなかったりすることもあります。心配なときは、左のアプリやサイトも活用して判断しましょう。

迷ったときはココをcheck!

教えて!ドクター

症状や病名から受診の目安やホームケアがわかる。無料。

WEB こどもの救急
http://kodomo-qq.jp/

診察時間外に病院を受診するかどうか、症状別に判断の目安がわかる。日本小児科学会が運営するサイト。

子ども医療電話相談 #8000

休日・夜間の子どもの症状にどう対処したらいいのか、病院を受診した方がよいのかなど判断に迷ったときに、小児科医師・看護師に電話で相談できる。#8000をプッシュすれば、お住まいの都道府県の相談窓口に自動転送され、症状に応じた対処や受診する病院などのアドバイスを受けられる。※利用できる時間帯は都道府県により異なります。

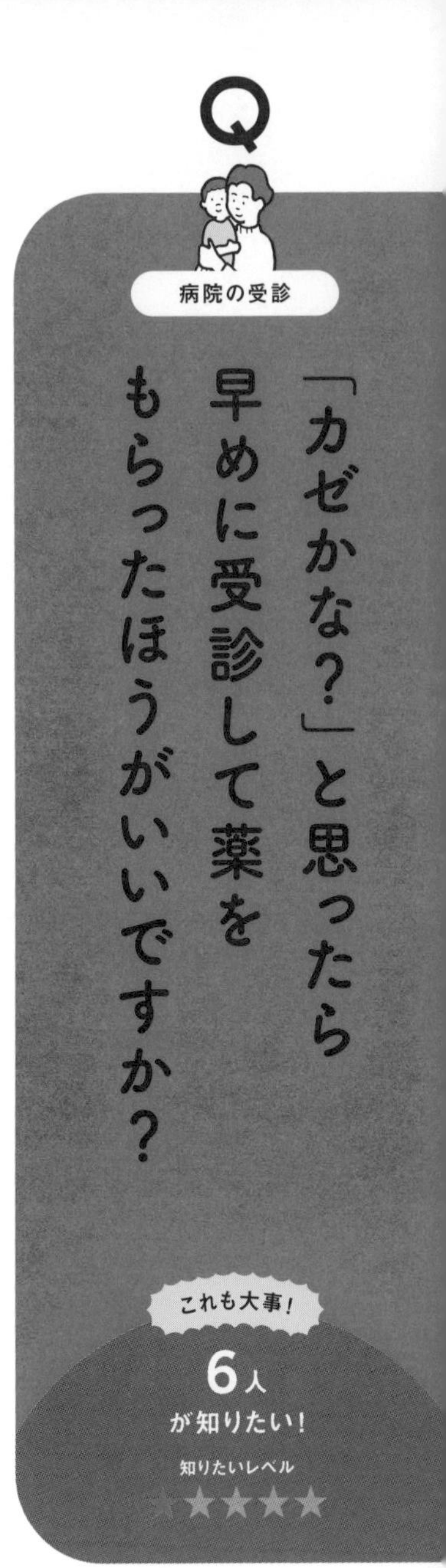

「カゼかな？」と思ったら早めに受診して薬をもらったほうがいいですか？

A 薬を飲んでも飲まなくても、カゼ症状が治るまでの日数はほとんど変わりません

- カゼの原因は約9割がウイルスで、特効薬はない
- 2歳未満の子どもには市販のカゼ薬はおすすめしない

カゼの原因の約9割はウイルスで、原因となるウイルスは200種類以上あります。残念ながら、どのカゼにも効く特効薬はありません。

このように伝えると、「カゼのとき病院で薬を処方してもらったけど……」と、疑問に感じるかもしれませんね。たしかに、小児科ではせき・鼻水などの症状を緩和する薬や解熱剤を処方することがありますが、これらは症状をやわらげるだけで、病気を根本的に治すわけではなく、カゼ症状が治るまでの日数にほとんど影響しません。ちなみに、子どものカゼ症状は発症から10日後でも約50%は残っているとされており、親が思っているよりも症状は長く続くことを知っておくといいと思います。最近は、症状によっては薬を処方しないケースも増えています。

受診して薬が処方されないと、市販薬を頼りたくなるかもしれませんが、市販のカゼ薬には、赤ちゃんにおすすめできない成分が含まれていたり、本人にはない症状に対する成分が入っていたりするため、使用をおすすめしません。

市販のカゼ薬については、アメリカでは2008年に2歳未満への使用を禁止するよう勧告されています。日本でも、厚生労働省は2歳未満には医師の診察を優先し、やむを得ない場合のみ服用させること[1]としています。

ウイルス感染症による発熱は、2~3日で自然に下がることが多いものです。「飲む・寝る・遊ぶ」ができているなら、ホームケアで自然な回復を後押ししていきましょう。もし元気で水分がとれていても、発熱が4日以上続くときは受診してください。血液検査やレントゲン検査で原因を調べる場合もあるためです。

[発熱・鼻水・せきのホームケア]

手足が熱くなったら からだを冷やす

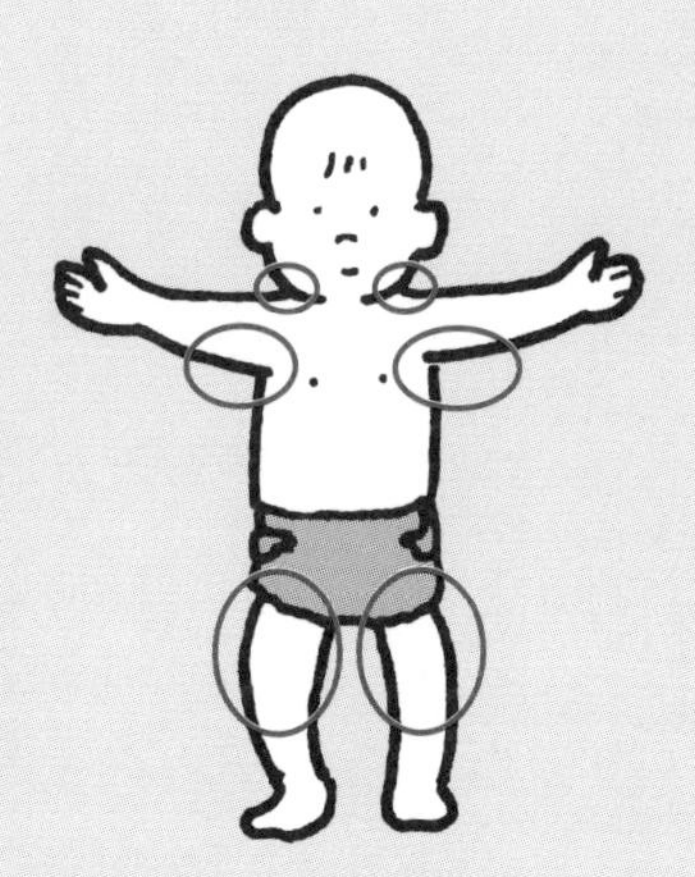

手足が熱くなって顔もまっ赤になってきたら、薄着にさせ、タオルで包んだ保冷剤などで太い血管のあるところ（右図参照）を冷やします（赤ちゃんが嫌がるようならはずしてください）。なお、冷却シートは実際の解熱効果は乏しいとされています[2]。ひんやりして熱の不快感をやわらげる効果はあるかもしれませんが、赤ちゃんに関しては、口や鼻をふさいで窒息してしまう恐れもあるため使わないほうが無難です。

発熱の経過記録には「LINEグループ」が便利

LINEで自分のみのグループを作成して子どもの体温や症状を投稿すると、自動的に時刻が記録されて経過を手軽に記録できます。スタンプを活用するのも◎。発熱の経過は、受診時に医師に伝えましょう。

解熱剤は上手に使う

解熱剤が処方されたら、医師の指示通りに使いましょう。解熱剤で一時的に熱が下がると、不快感がやわらいでぐっすり眠れたり、のどの痛みが緩和されて水分や食事がとりやすくなったりします。解熱剤は30〜60分で効き始め、3〜4時間で効果が最大になり、効果は4〜6時間持続します。解熱剤を使うと治りが遅くなるというようなことはありません。

鼻水はこまめに吸う・鼻詰まりには点鼻も有効

鼻水はこまめな吸引をおすすめします。鼻詰まりが気になるときは、市販の生理食塩水の点鼻スプレーが効果的なこともあります。米国小児科学会ウェブサイトでも推奨されており、点鼻と鼻水吸引を組み合わせることも有効です[4]。

38〜40ページも参考に!

こまめに水分補給する

母乳の場合は、いつもより頻回を心がけましょう。ミルクは薄める必要はありません。なお、麦茶やスープなどの温かい飲み物は、のどの粘膜を落ち着かせ、鼻の分泌物の流れを増やし、せきをおさえる効果があると報告されています[3]。

せきが苦しそうなときは赤ちゃんの上体を起こす

縦抱きにするか、背中側に枕やクッションなどを入れて上体を高くして寝かせると、気道が通りやすくなります(寝返りをしたときに口がふさがれないように注意)。

これも知りたい!
おかわりQ

市販の解熱剤は使っていい?

市販のアセトアミノフェン解熱剤の中には1歳から使えるものがあります。処方された解熱剤を使い慣れてきたら、休日など緊急時用に備えておき、使用してもいいでしょう。解熱剤の成分によっては、小児には使用禁止のものがあるので、必ず薬剤師に子どもの月齢と体重を伝えて購入してください。

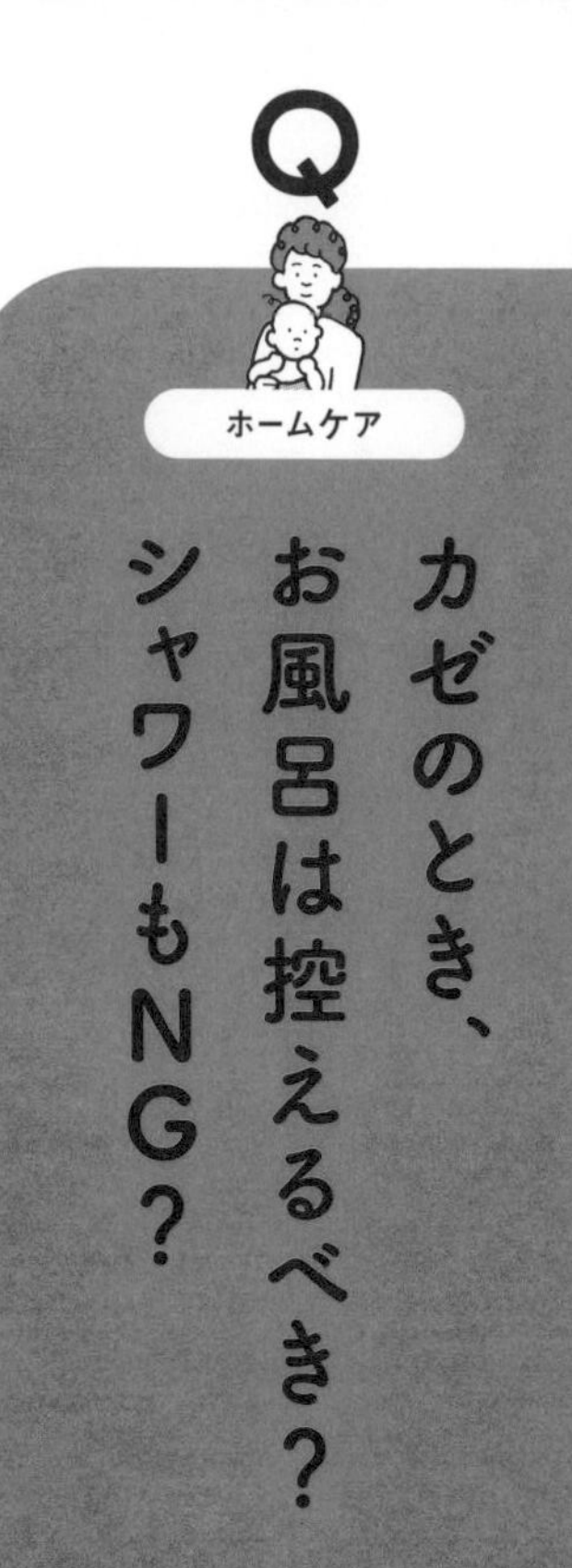
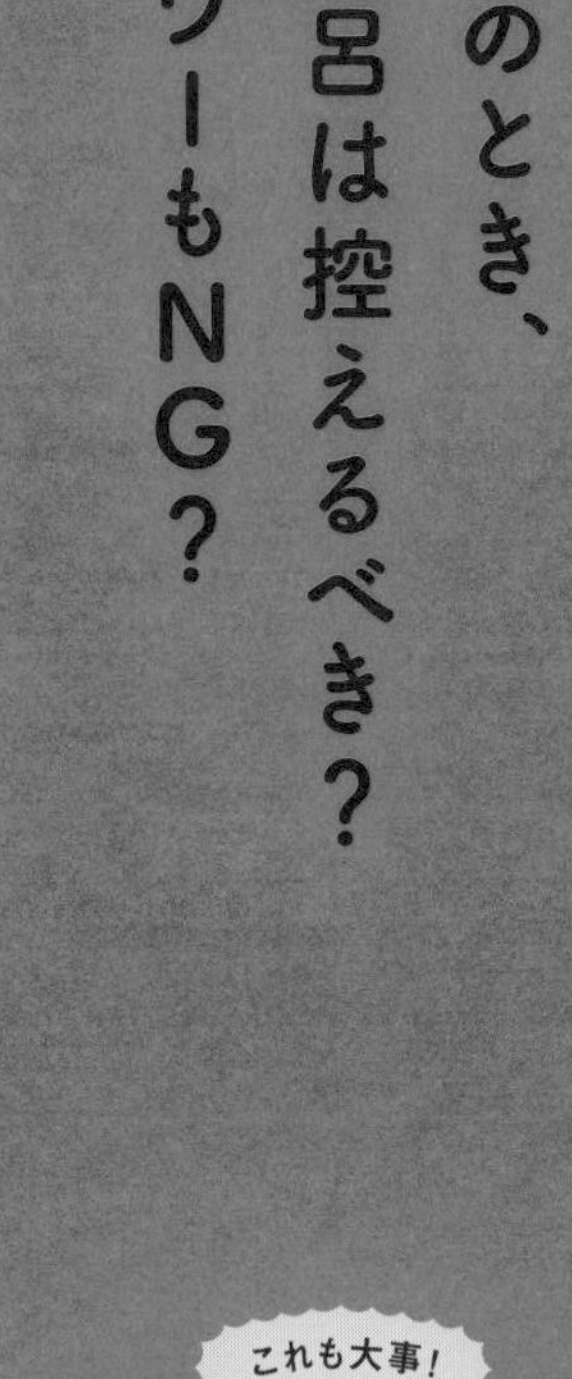

Q

ホームケア

カゼのとき、お風呂は控えるべき？シャワーもNG？

A

ぐったりしていなければ、短時間のシャワー浴や入浴はOK！

- 気道が潤うことにより、鼻詰まりやせき症状が改善することがある
- 長時間の入浴は体力を奪うので、短時間にとどめるのが◎

カゼ症状があるとき入浴は控えたほうがいいと感じるママ・パパは少なくないようです。たしかに、活気がなくぐったりしているときは、入浴は控えたほうがいいでしょう。

一方、「飲む・寝る・遊ぶ」がいつも通りできていて、元気に過ごしているようなら、カゼ症状があるからといって入浴を避ける必要はありません。

むしろ、鼻水が詰まっているときや、せきが出ているときは、湿度の高い浴室に身を置くことで、せき・鼻水の症状が楽になることがあります。のどの粘膜や気道は、乾燥すると過敏性が高まってせきが出やすくなりますが、入浴して加湿することで乾燥から守られ、せきが鎮まることがあります。また、鼻の通り道が加湿されると、固まった鼻水が出やすくなります。

とはいえ、長時間の入浴は体力を奪う可能性があるので、短時間のシャワー浴や入浴にとどめるといいでしょう。

これも知りたい！おかわりQ

せきのケアでできることは？

意外と知られていませんが、ハチミツの摂取はせき症状の改善に効果があります。複数の研究をまとめた海外の論文には、「小児の急性のせき症状にはハチミツを推奨」と記載されています[5]。ハチミツがNGの0歳のときは室内の加湿とこまめな鼻吸いを行い、1歳を過ぎたらハチミツの摂取を試してみてもいいでしょう。

⚠ 1歳未満の子どもにはハチミツは与えないでください。乳児ボツリヌス症を起こす危険があります。

Q

ホームケア

夏カゼでのどが痛そう。水分補給や食事を嫌がります

10人が知りたい！

知りたいレベル ★★★★★

A

ミルクや母乳など、飲み慣れたものをこまめにあげましょう

夏に流行する感染症に、ヘルパンギーナや手足口病などのいわゆる〝夏カゼ〟があります。怖い病気ではなく、3日～1週間程度で自然に回復することが多いですが、のどに水疱や炎症ができることがあり、強い痛みにより食事や水分をとりづらくなることがあります。

1回あたりに飲む量はひと口ふた口ほどでいいので、ミルクや母乳、卒乳後であれば、経口補水液（飲めなければ薄めたりんごジュースでもOK）やベビー用飲料、麦茶、みそ汁の上ずみなどをこまめにあげましょう。少し冷やしてスプーンで飲ませるのもいいですね。

水分・塩分・糖分が含まれているこうした飲み物を飲めていれば、食事は1～2日とれなくても大丈夫。食欲が出てきたら、ゼリー、うどん、豆腐など、のどごしのいいものを少しずつあげましょう。

Q 平熱が低い赤ちゃんは、何度からが発熱ですか？

発熱

気になる！
1人が知りたい！
知りたいレベル ☆★★★★

A 平熱よりも1度高い、または37・5度以上を「発熱」と考えます

ただし、たとえば平熱が35度後半の赤ちゃんが36度後半ならすぐさま病気というわけでもありません。ぐったりしていないか、水分はとれているか、鼻水やせきなどほかの症状があるかなど、全身状態を確認することが大切。緊急受診が必要かどうかは、「ぐったりしていないか、水分がとれているか」を基準に考えます。

「左右の腕で体温が違うときはどう判断するの？」と質問されることがありますが、わずかな差なら、それほど厳密にとらえなくてOK。37度台後半か、38度台か、39度台かといったぐあいで大丈夫です。こうした熱の経過を診察時に伝えていただけると、診断の助けになります。熱の経過を見るときは、同じ場所で測って比較するといいですね。

Q

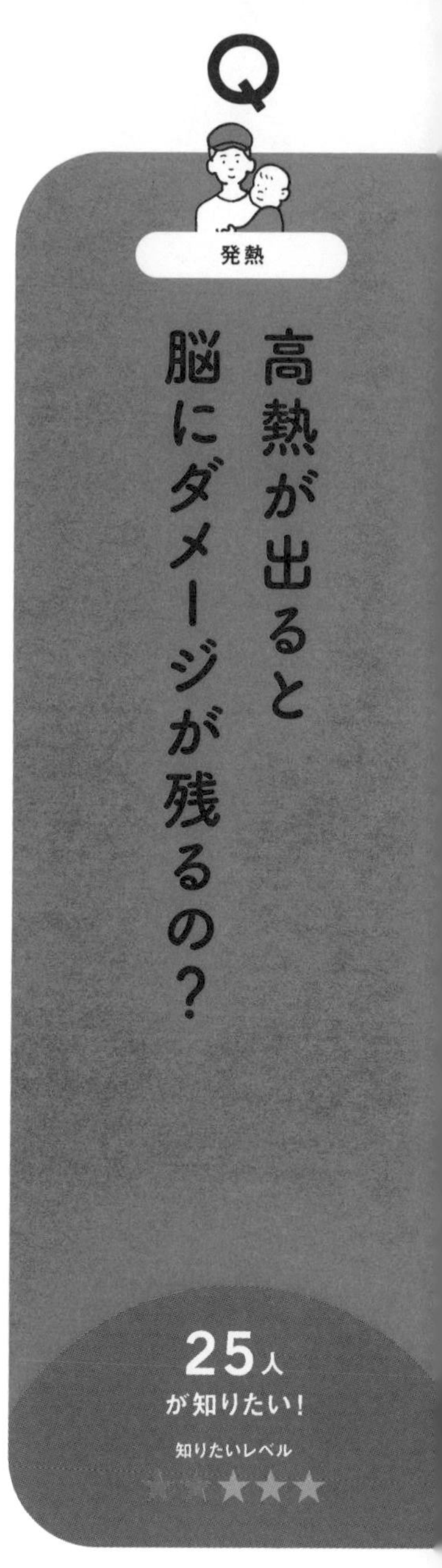

A

感染症の発熱だけが原因で脳に障害が出ることはありません

- 熱の高さと病気の重さは比例しない
- 37度台でもぐったりして水分がとれないときは至急受診して

高熱になると、脳に障害が起こったり、後遺症が残ったりするのではというママ・パパの不安の声をよく耳にします。初めて高熱を出したときなどは特に心配になるかもしれませんが、熱の高さと病気の重さは比例しません。また、感染症の熱だけが原因で、脳に障害が出ることもありません。

私たち小児科医にとって体温はあくまでもひとつの目安であり、熱の高さだけで病気の重症度は判断しません。むしろ、発熱は重症かどうかの目安というより、病気が急性期かどうかを知る目安と考えています。赤ちゃんの全身状態をみてママ・パパに問診し、普段の様子やほかの症状を確認し、診断を進めています。病院を受診すべきかどうかを判断するときも、まずは全身状態を観察しましょう。

たとえば、生後3ヵ月以降であれば、体温が39度を超えていても、活気があって水分がとれているようなら、必ずしも深夜に急いで受診する必要はありません。ホームケアで発熱による不快感をやわらげながら、家で様子を見ましょう。

一方、体温が37度台でも、ぐったりしている、水分がとれないなど、46ページの「こんなときは夜間・休日でもすぐに受診！」に当てはまる場合は、至急受診が必要です。

体温は数値として現れるので強い印象が残りますが、大切なのは赤ちゃんの全身状態を観察し、いつもの様子と比較することです。判断に迷うときは、49ページで紹介しているアプリやウェブサイト、電話相談などを活用しましょう。

Q

けいれん

からだを冷やしたり、解熱剤を使ったりすると、熱性けいれんは予防できるの？

これも大事！

4人が知りたい！

知りたいレベル ★☆☆☆☆

A 残念ながら、クーリングや解熱剤でけいれんを予防することはできません

発熱時にからだを保冷剤などで冷やしたり（クーリング）、解熱剤を使ったりしても、熱性けいれんの予防にはなりません[6]。どちらもあくまで発熱による不快感をやわらげ、睡眠や水分をとりやすくするために行います。解熱剤で一時的に熱を下げると、水分をとりやすくなったり、寝つきがよくなったりするので、医師の処方に従って、食事前や就寝前などタイミングを見て上手に使いましょう。

ちなみに、かつては発熱時に解熱剤を使用することで熱性けいれんが起きやすくなるという医師もいましたが、現在この考え方は否定されています。発熱時に使うとけいれんが起きやすくなるのではと心配して、解熱剤の使用を控える必要はありませんよ。

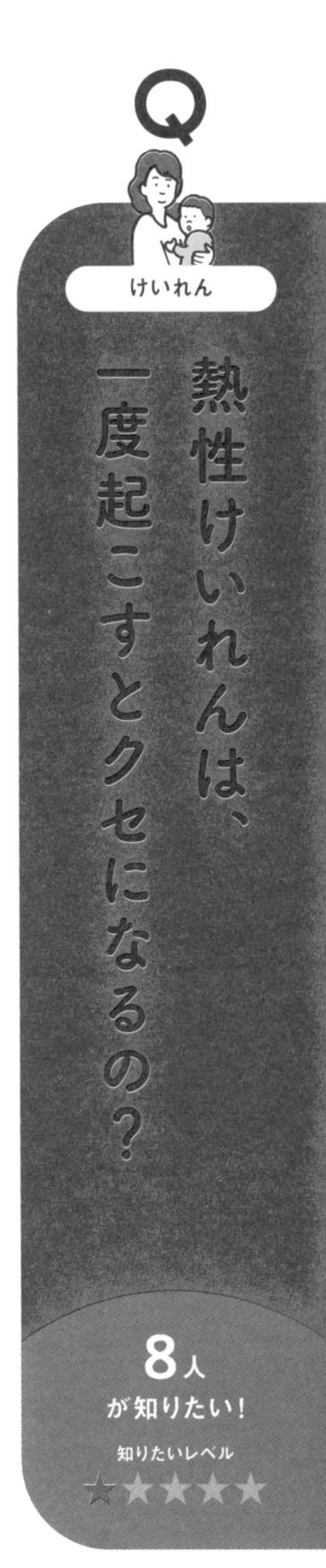

A 熱性けいれんを起こした子の7割は熱性けいれんを再発しません

熱性けいれんを起こす子どもはそれほど珍しくありません。熱性けいれんは、生後6ヵ月から5歳の10人に1人の割合で起こるという報告〔7〕があり、1～2歳に多く見られます。また、突発性発疹やインフルエンザのウイルスには、けいれんを起こしやすい性質があります。

とはいえ、一度熱性けいれんになったとしても、必ず繰り返すわけではありません。熱性けいれんを起こした子の7割は、その後の発熱で熱性けいれんを起こすことはありません。残りの3割の子も、短時間でおさまる「単純型」の診断なら、その後繰り返しても心配はなく、就学前には落ち着くことが多いです。けいれんが15分以上続く、24時間以内に繰り返す、左右非対称なけいれんが起こるなど「複雑型」と診断された場合は、隠れている病気がないか、病院で検査します。

けいれんアレコレ Q&A

Q 高熱を出して小刻みにブルブル。これってけいれん？

A

けいれんとまぎらわしい症状に「悪寒（おかん）」があります。熱の上がりはじめに全身がブルブルふるえることがありますが、「意識がある」「視線が合う」「呼びかけに反応がある」点がけいれんとは異なります。

悪寒は病原体と戦うためにからだが熱を出そうとするプロセスの一部で、自然な反応なので、受診の必要はありません。悪寒があり、寒がっているあいだは、服を1枚多く着せたり、ふとんをかけたりして、からだを温めましょう。

Q 親が熱性けいれんを起こしたことがあると、赤ちゃんも起こしやすいの？

A

親・きょうだいに熱性けいれん歴があると、赤ちゃんも熱性けいれんを起こしやすい傾向があります。心配になるかもしれませんが、多くの熱性けいれんは後遺症などの恐れがない「単純型」です。何度か繰り返した場合でも、原則予防薬は使用しません。

ちなみに、日本人は熱性けいれんを起こす

頻度が欧米人より高いとされています[8]。

Q 就寝中に熱性けいれんを見逃さないか不安……。夜通し見守っていないと危険？

A けいれんが始まると、赤ちゃんはうなり声をあげたり、普段とは違う動きをしたりします。近くにいるママ・パパは、こうした赤ちゃんの気配を感じてパッと目が覚め、けいれんに気がつくことが多いようです。赤ちゃんは発熱すると不快感からいつもより頻繁に起きることが多く、ママ・パパの睡眠は浅くなりがちです。泥酔状態や薬を服用している場合でなければ、同じ部屋で寝ていて見逃すことはまずないでしょう。

発熱時の子どもの様子は気にかけておきたいものですが、就寝中のけいれんを心配しすぎる必要はないですよ。

Q 救急車がすぐ来るか心配。親ができることは？

A 感染症流行時などは、救急車がすぐ来なかったり、病院へ到着するまでに時間がかかったり、到着後に待ち時間があったりして、不安を感じる場面があるかもしれません。そんなときにも冷静でいられるように、ほとんどのけいれんが5分以内におさまり、後遺症もなく命にかかわらないことを知っておきましょう。知識をもつことで、気持ちに少し余裕が生まれますよ。

Q

嘔吐・胃腸炎

どれくらい吐いたら病院に行くべきですか？

55人が知りたい！

知りたいレベル ☆☆☆☆★

A

少量吐いただけで元気なら様子見でOK。左の項目に当てはまるときは受診して

- ☑ 嘔吐・下痢・発熱の症状があるときは感染性胃腸炎の可能性がある
- ☑ ぐったりしている、水分がとれていないときは至急受診を

生後まもない赤ちゃんは、ミルクと一緒に空気を飲みこむことが多く、ゲップなどちょっとした刺激で吐き戻すことがよくあります。胃の入り口の筋肉が未発達なためですが、生後3～4ヵ月ごろには筋肉が発達し、飲み方もうまくなって吐き戻しは少なくなります。少量吐いただけで元気なら、心配いりません。

嘔吐や下痢を繰り返し、発熱の症状があるときは、感染性胃腸炎の可能性が考えられます。感染性胃腸炎とは、ウイルスや細菌などに感染することで、胃腸などの消化器に炎症が起こる病気です。嘔吐や発熱から始まり、遅れて下痢症状が現れ、下痢が続くと便が白っぽくなることもあります。

激しい嘔吐と下痢が続くと、体内の水分が急激に失われて、脱水を起こすことがあります。

嘔吐の受診の目安	
診察時間外でもすぐに受診	● 嘔吐症状が強く、水分がとれない ● ぐったりしている ● 口や舌が乾き、涙が出ない ● おしっこが半日以上出ていない ⚠ 嘔吐＋いちごジャムのような血便が出たら急いで受診を! 機嫌が悪く、嘔吐を繰り返し、いちごジャムのような血便が出たときは、「腸重積」の可能性があります。腸の一部が腸の中にもぐりこんで重なる病気で、できるだけ早い医療処置が必要です。
診察時間内に受診	● 上記のような症状はないが、嘔吐が続いている

「ぐったりしている」「おしっこが半日以上出ない」など前のページの「診察時間外でもすぐに受診」の様子があるときは、急いで受診して、最後に水分をとった時刻を伝えてください。

感染性胃腸炎の中でも、赤ちゃんがかかることが多いのが、ノロウイルス、ロタウイルス、アデノウイルスなどによる「ウイルス性胃腸炎」です。どれも特効薬はなく、病院では整腸剤など症状を緩和する薬を処方します。多くの場合は1週間程度で改善します。左のホームケアをしながら、様子を見ることになります。

[嘔吐・胃腸炎のホームケア]

1 横向きに寝かせる

吐いたものがのどに詰まらないように、横向きに寝かせます。タオルや毛布をまるめて背中にあてるといいでしょう。

▼

2 水分補給

❶ 嘔吐後1～2時間ほどおなかを休める

すぐに水分をあげると、再び吐いてしまうことがあります。

❷ ティースプーン1さじほど飲ませる

母乳は赤ちゃんがほしがるだけあげましょう。それ以外の飲み物は、まずティースプーン1さじほど飲ませて様子を見ます。

❸ 10～15分様子を見て吐かなければ少しずつ量を増やす

10～15分ほど吐かないようなら、もう1さじ飲ませます。これを数回繰り返して吐かなければ、徐々に飲ませる量を増やしたり、様子を見る時間を短くしたりしていきます。

離乳食

水分をとっても吐かず 食欲が出てきてから再開

嘔吐や下痢症状があるときは、胃腸を休めることが最優先。母乳やミルクを飲めていれば、離乳食を1～2日ほど休んでも問題ありません。水分を飲んでも嘔吐せず、食欲が出てきたら、おかゆや温かいうどんなど、消化しやすい炭水化物から食べさせましょう。

⚠ 乳製品は 体調が万全になってから!

牛乳・ヨーグルトなどの乳製品は、胃腸に負担がかかります。症状がおさまり、体調が戻ってからあげましょう。

何を飲ませる?

◎ 母乳・ミルク

卒乳後は…

経口補水液
(飲まなければ
薄めたりんごジュースでも可)

みそ汁の上ずみ

母乳やミルクには塩分・糖分が含まれていて、脱水予防に最適。母乳・ミルクが飲めていれば、経口補水液や乳児用イオン飲料を赤ちゃんにあえて飲ませる必要はありません。卒乳後は上記のものを。最近は飲みやすい果物味の経口補水液もあります。

これも知りたい! おかわりQ

胃腸炎になるたび 体重が減るけど大丈夫?

嘔吐や下痢が続くと、からだの水分が抜けたり、腸内環境が変わり栄養の吸収が悪くなったりして、体重が減ることはよくあります。これは一時的なもので、症状がおさまって腸内環境が整ってくれば、体重は再び増えていくので心配ありません。もし嘔吐が治ったあともいつもよりゆるい便が2週間以上続くようなら、かかりつけ医に相談を。腸内環境を改善するために薬を内服することもあります。

薬のギモンQ&A

薬とのつきあい方や飲ませ方のよくあるお悩みについて解説します

Q 薬を飲ませようとすると泣いて嫌がります。どう飲ませたらいい？

A あらかじめ母乳やミルクに混ぜるのは×
空腹時に飲ませるのもひとつの方法です

赤ちゃんの場合、薬を飲ませるタイミングを厳守するより、決められた量を飲ませることが優先です。医師に相談してOKなら、授乳前や離乳食の前に飲ませてみましょう。空腹時のほうが飲む場合も多く、薬を飲んだあと吐くことも少ないです。イラストを参考にやりやすい方法を試してみましょう。あらかじめ母乳やミルクに混ぜてあげるのはNG。味を嫌ってその後母乳やミルクそのものを飲まなくなる可能性があるので避けてください。また、薬によっては、症状がおさまれば飲む回数を減らしたり、やめたりできることもあります。種類を変更することで飲む回数を減らせる場合もあるので、受診時に相談しましょう。

粉薬

少量の水で練って上あごや頬の内側に塗り、授乳して薬を流しこむ

シロップ

服薬用スポイトで頬の内側に流しこむ。または、哺乳びんの乳首を使って飲ませる

- **粉薬の量が少ない場合は、水を1滴ずつ加えても、ペースト状にならないことがあります。水分が多くなってしまったら、シロップ同様、服薬用スポイトであげてみてください。**
- **薬局でもらったスポイトで飲ませにくいときは、形状の異なる服薬用スポイトを試してもOK。**
- **粉薬とシロップは、薬の効き目に違いはありません。医師にどちらがいいか聞かれたときは、赤ちゃんの好みと、ママ・パパの使いやすさで判断するといいでしょう。**

Q 薬を飲んだあと吐いたときは、もう一度飲ませるの？

A 飲んでから吐くまでの時間で判断します

内服後30分たたずに吐いてしまった場合はほぼ未消化なので、原則飲み直します。内服後30分以降に吐いた場合は、飲み直しは不要です。吐いてはいないものの、嫌がったりして必要な量が飲めなかった場合は、薬によって判断が分かれるので、医師や薬剤師に確認してください。

Q 子どもが薬を嫌がらないようにするためには、どんなことに気をつけたらいい？

A 飲ませ方をいくつか知っておき うまくいかないときは医師や薬剤師に相談を

年齢の低いお子さんの場合、なるべく本人が気づかずに飲むような工夫が有効です。月齢に応じて、ジャムやバナナ、甘みを嫌う子にはコーンスープやのりのつくだ煮など味が濃いものに混ぜると、飲むことがあります。とはいえ、味に敏感な子もいます。服薬用ゼリーを使う方法もありますが、いずれもうまくいかないことは珍しくありません。かかりつけ医や薬剤師にも相談して、合った方法を探していけるといいですね。3歳以降は食べ物に混ぜてごまかすのが難しくなってくるので、薬を飲むメリットを説明したり、薬を飲んだときにほめたりして、薬を飲む意欲を高めていきましょう。

Q 座薬をうまくいれるコツは？

A 座薬を挿入後、しばらく指で押さえましょう

肛門に挿入後しばらく指で押さえ、座薬がスッと吸い込まれた感覚がしたら手を離しましょう。座薬の扱いは、次のポイントも参考に。粉薬やシロップは保存不可ですが、切っていない座薬は冷蔵庫で保存できます。使用期限は薬剤師に確認してください。

- **切って使うときは、包装紙から取り出さず、包装ごと指定の量に切る（体温で溶けるのを防ぐため）**
- **切る方向は、「斜め／横にまっすぐ」どちらでもOK**

Q 目を開けないときの目薬のさし方を教えて！

A 閉じた目頭のくぼみに目薬を1滴たらしてみて

無理に赤ちゃんの目をこじ開けようとせず、イラストのように目頭の下を押さえながら、目頭のくぼみに目薬を1滴たらす方法がおすすめです[9]。赤ちゃんが目を開けたときに目薬が自然と全体にいきわたります。次のポイントも参考にしてください。

- **大人の両脚の間で赤ちゃんの頭を固定する**
- **たっぷり入れようとしなくても、1滴入ればOK！**
- **薬の容器の先は、まつげや皮膚につけない（細菌やウイルスの汚染防止のため）**
- **目薬を家族と共用しない（家庭内感染を防ぐため）**

PART 3

病気・事故の予防

できることなら避けたい病気やケガ。
予防のコツを知っておきましょう！

Q

感染症予防

何でも口に入れたがる赤ちゃん。どこまで手洗いや消毒をしたらいいの？

37人が知りたい！

知りたいレベル ★★★★★

A

感染症対策は、完璧をめざすより、無理なく続けることが大切です

- 手洗いは、あらかじめタイミングを決めてルーティン化する
- アルコール消毒が効きにくいウイルスもある

カゼなどのウイルス感染症の多くは、主に「飛沫感染」と「接触感染」で広がります。飛沫感染とは、ウイルスを含む唾液がくしゃみやせきによって口・鼻・目などの粘膜に付着して感染が広がること。「接触感染」とは、唾液や便などウイルスを含んだものをさわった手で鼻や目などをさわって感染が広がることをいいます。

感染症対策の基本は、ウイルスを外出先から家の中へ持ちこまないことです。接触感染を防ぎたいという気持ちから、手洗い・消毒を徹底しなければという思いに駆られるかもしれませんが、完璧をめざそうとすればするほどストレスがたまり、続けるのが困難になります。感染症対策は、無理のない方法で継続することが肝心です。

そのためには、「ルーティン化」するのがおすすめです。赤ちゃんのまわりにいる大人ときょうだいは、帰宅後・食事の前後・トイレのあとなどあらかじめ家族で決めたタイミングで手洗いをしましょう。赤ちゃんは、外でひとり歩きを始めたら、少しずつ手洗いの練習を始められるといいですね。

これも知りたい！
おかわりQ

赤ちゃんにアルコール消毒液を使うのはNG?

一般的な使用頻度なら、肌や健康への影響をそれほど気にしなくて大丈夫。目に消毒液が入らないよう気をつけましょう。また、胃腸炎の原因となるノロウイルスやロタウイルス、夏カゼの原因となるアデノウイルスには、アルコール消毒は効きにくいです。赤ちゃんがこれらの感染症になったときは、ママ・パパはお世話のあと石けんで手をよく洗いましょう。

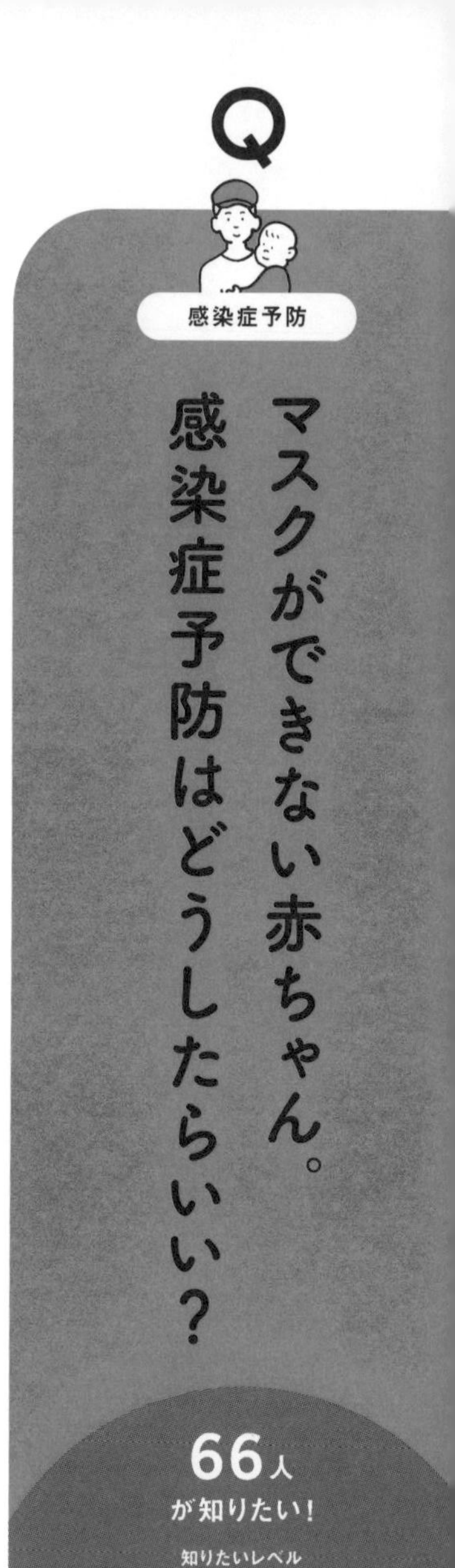

マスクができない赤ちゃん。感染症予防はどうしたらいい？

A
周囲の大人が感染症対策を行い、赤ちゃんは予防接種を受けましょう

- 大人が必要な予防接種を受けることが、赤ちゃんの感染症予防につながる

- 赤ちゃんの予防接種で受け忘れがないか、今一度確認を

赤ちゃんは、上手に手洗いしたり、マスクをつけられたりするわけではありません。しかし、赤ちゃんのまわりにいる大人が基本的な感染症対策をできる範囲で続けていくことで、家の中に持ち込むウイルスを減らすことはできます。タイミングを決めた手洗いに加えて、感染症流行時には大人は必要に応じてマスクをつけるなど、左下で紹介している対策を続けていけるといいですね。

また、大人が必要な予防接種を受けることは、赤ちゃんにうつす機会を減らせるため、赤ちゃんの感染予防につながります。これを、子どもたちを繭に包んで守るという意味から「コクーン（繭）戦略」と呼びます。

赤ちゃん自身が行う感染症予防で最も有効なのは、予防接種を受けることです。予防接種の対象となる病気は、重い後遺症を残す危険がある、または死に至る確率が高いものが多いです。予防接種を受けると多くの場合、体内で病気に対する抗体（免疫）を獲得することができ、重い後遺症にかからなくなったり、かかっても軽くすんだりします。任意接種を含め、受け忘れがないか、今一度確認してみましょう。

効果のある予防法

- 予防接種を受ける
- 帰宅後は手洗いする
- 感染症流行時は、大人は必要な場面でマスクをつける
- こまめに換気する
- 人混みをなるべく避ける

効果なし・おすすめしない予防法

- ✕ 赤ちゃんにマスクをつける（窒息の危険があります）
- ✕ 薄着で過ごすとからだが丈夫になる
- ✕ 予防接種を受けないで病気にかかると強い免疫ができる
- ✕ 人にうつすと治る
- ✕ 乾布摩擦をすると丈夫になる

※いずれも医学的根拠はありません

Q

感染症予防

胃腸炎の家庭内感染を防ぐ方法は？

38人が知りたい！

知りたいレベル ★★★★★

A

汚物は次亜塩素酸ナトリウムで消毒。オムツがえ後は石けんでよく手洗いを！

- ☑ ウイルス性胃腸炎の原因ウイルスには、アルコール消毒は効果がない
- ☑ 消毒用の「ゲーゲーセット」を備えておいて

ノロウイルスやロタウイルスなど、胃腸炎の原因ウイルスは感染力が非常に強く、家庭内感染が起こることも多いです。胃腸炎の嘔吐は突然始まり、症状が現れたあとに消毒グッズを買いに行くのは困難です。イラストにある「ゲーゲーセット」を、あらかじめ用意しておくといいでしょう。

汚物や汚れた衣服は、次亜塩素酸ナトリウム（家庭用塩素系漂白剤）を使って消毒します。次のページで紹介する方法で処理してください。

嘔吐・下痢などの症状が出ているあいだは、家族間でタオル・食器の共用を避けることも大切です。また、胃腸炎の原因ウイルスは、症状がおさまったあとも3～7日、長いときは1ヵ月ほど便に排出されます。オムツ交換のあとは石けんで手をよく洗いましょう。

あると安心！「ゲーゲーセット」を用意しよう！

消毒用の材料

- 家庭用塩素系漂白剤（濃度5～6%）
- 500mlの空きペットボトル

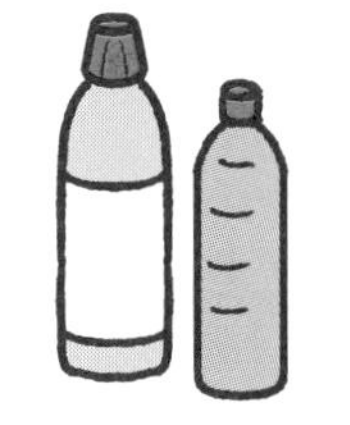

汚物処理アイテム

- キッチンペーパー
- 古い布
- 新聞紙
- 使い捨てマスク
- 使い捨てビニール手袋

ビニール袋をかけたバケツに入れて保管を！

必ず子どもの手の届かないところに保管しましょう。

1

消毒液の作り方

❶ 500mlの空きペットボトルに、家庭用塩素系漂白剤（濃度5〜6%）をペットボトルのキャップ2杯分（10ml）入れる。

❷ ペットボトルがいっぱいになるまで水を入れる。

❸ 誤飲しないように、必ずラベルをつける。

⚠ 注意すること

- 使用時は、ビニール手袋などで手を保護し、換気します。
- 子どもが触れないように注意。
- 消毒液は保管せず、残ったらシンクやトイレに流して処分しましょう。

汚物がついた衣類は消毒液でつけ置き洗い

汚れた衣服、口やからだをふいたタオルは、消毒液に30分ほどつけ置きしてから、ほかの洗濯ものと分けて洗濯機で洗いましょう。洗濯後、50〜80倍にうすめた家庭用塩素系漂白剤でフルコース洗いをして洗濯機を消毒します。

※洗濯機の取扱説明書もご確認ください。

▼

2

汚物の片づけ方

❶ マスクとビニール手袋をつける。

❷ 汚物を隠すように、キッチンペーパーや古い布、新聞紙などを広めにかぶせる。

❸ ②の上に消毒液をかけて、汚物をくるむようにして取り、ビニール袋をかけたバケツに入れる。

❹ キッチンペーパーや古い布に消毒液を含ませて、③の場所をふきとり、10分以内に水ぶきする。

❺ ④で使ったキッチンペーパーや布、マスク、手袋、下痢のオムツをすべてビニール袋をかけたバケツに入れ、袋をギュッと縛って封をする。

❻ 石けんで手をよく洗う。

⚠ 注意すること

- 霧吹きタイプの容器に入れてスプレーするのは×!
ウイルスを広げてしまうので避けましょう。

じゅうたん・布団はアイロン消毒も◎

消毒液を使えないところは、85度以上のアイロンを2分ほど押し当てて熱消毒する方法もあります。

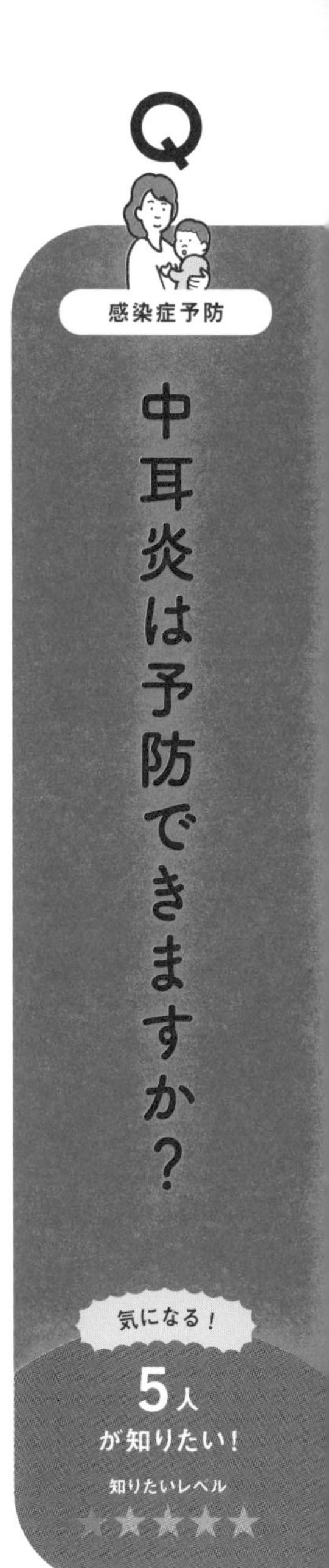

周囲の大人が禁煙することが中耳炎予防につながります

2歳ごろまでの子どもがかかりやすい耳の病気のひとつが「急性中耳炎」です。カゼなどの感染症により、鼻やのどの病原体が耳管を通って耳に入り、中耳で炎症を起こして痛みや発熱を引き起こします。

家庭でできる中耳炎の予防策は3つあります。①カゼなどの感染症で鼻水が出たら、鼻吸い器などでこまめに取り除くこと、②小児用肺炎球菌とヒブの予防接種をして、中耳炎の重症化リスクを下げること、③子どもを受動喫煙にさらさないことです。

保護者の喫煙は、小児の中耳炎の発症リスクを高めます〔1〕。たとえ子どもがいないところで喫煙していても、喫煙者の衣服や髪の毛などについたタバコの有害成分が、子どもの健康に害を及ぼす可能性も危惧されています〔2〕。赤ちゃんがいる家庭では、全面禁煙が望ましいです。

感染症予防アレコレ Q&A

Q 足の裏をこまめに洗うと感染症予防に効果があるってホント？

A 結論からいうと、足の裏を洗うことが感染症予防になるという根拠はありません。手洗いは、いろいろなものをさわった手で鼻や口をさわったり、食べ物を口に入れたりすることで、手を介して口の中に病原体が入ることを防ぐために行います。足で食べ物をつかんで口に入れるようなら足を清潔に保つのは理にかなっていますが、そういうわけではないですよね。感染症予防のために、あえて足裏を清潔にする必要はないと思います。

Q ほぼ家で過ごしていたのに、赤ちゃんがカゼをひいたのはなぜ？

A もしかすると、赤ちゃんと一緒に暮らす大人が、自覚しない程度のカゼをひいていたのかもしれません。だからといって、ママ・パパが家の中でも厳重な感染症対策をしなければいけないわけではありません。75ページで紹介した効果のある予防法で怖い感染症から赤ちゃんを守っていたとしてもカゼなどの感染症にかかってしまうのはある程度しかたがないものです。発熱やせき、鼻水などを繰り返しながら、子どもはウイルスとの戦い方を徐々に覚えていきます。

Q カゼをひいたのは寒くさせたから？

A つねに寒さを感じている子どもはカゼをひきやすい傾向があるという研究結果〔3〕もありますが、寒さとカゼとの因果関係を示す明確な根拠はありません。いくら子どもの体温の調節に気をつけても、ウイルスと出合えばカゼをひくことはあります。子どもがカゼをひいたのは、衣服や空調の調節が不十分だったからではと自分を責める必要はありませんよ。

Q 夏カゼはプールでうつる？

A アデノウイルス感染症のひとつ「プール熱」は、プールに入ることが多い夏に流行ることからこのように呼ばれていますが、プールに入らなくてもアデノウイルスに感染すれば発症する可能性があります。そのほかの感染症についても、プールの水は塩素剤で消毒されているため、プールの水を介して病気が蔓延(まんえん)するリスクはそれほど高くありません。プール後の感染症予防としては、プールからあがったあとにからだを洗うことや、バスタオルを共用しないことです。また、食事前や帰宅後に手洗いするなどの基本的な対策も大事です。

Q

予防接種

同時接種が心配です。一度に何本も打って大丈夫？

これも大事！

7人が知りたい！

知りたいレベル ★★★★★

A

同時接種だからといって副反応が強くなることはありません

 0〜1歳代の予防接種は数が多いので、同時接種がおすすめ

☑ 同時接種することで、必要な免疫をできるだけ早くつけられる

2種類以上の予防接種を1回の通院で受けることを、「同時接種」といいます。

一度にたくさんの予防接種を受けることに抵抗を感じるのは、ごく自然なことです。

とはいえ、予防接種1本を接種したときに使われる免疫の機能は、じつはごくわずかです。「海の中に、塩を少し投げ入れても、海水の塩分の濃さが大きく変わらない」[4]のと同じように、同時接種をしてもからだに大きな負担がかかるわけではありません。また、同時接種だからといって、副反応が強くなることはなく、効果も変わりません。

では、なぜ同時接種が行われるのでしょうか。それは、同時接種には次のようなメリットがあるからです[5]。

①必要な免疫をできるだけ早くつけられる
②スケジュールの調整が簡単になり、接種忘れ防止になる
③通院回数が減り、カゼなどがうつるリスクが減る

0～1歳代の予防接種は数が多いので、同時接種がおすすめです。母子健康手帳や予防接種アプリを使い、受け忘れがないように管理するといいでしょう。

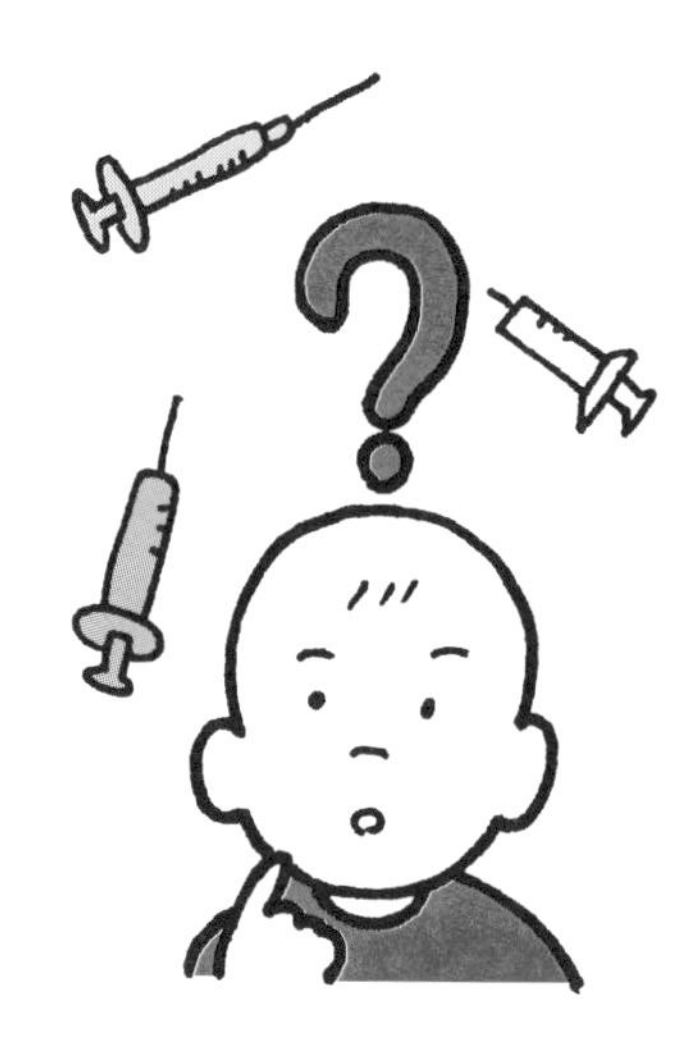

Q

予防接種

「ワクチンは不要」という話を耳にして、予防接種が本当に必要かためらうことがあります

気になる！

5人が知りたい！

知りたいレベル ★★★★

A

予防接種は、「命を守るシートベルト」のようなものです

- 副反応などのリスクは、その病気の後遺症リスク・致命率より非常に低い

- 予防接種は、適切な接種期間に受けて

病気を予防するワクチンを開発・製造するには、膨大な労力と手間、時間がかかります。そうしたワクチンを開発するという決断は、その病気が人類にとって脅威であり、開発の労力や手間をかけてでも排除しなくてはいけない場合になされます。たとえば、かかると後遺症を残す、死に至る可能性がある病気などに対して行われるわけです。

たしかに、実際に病気にかかって治ると、ワクチンを打つよりも強い免疫がつく場合はあります。しかし、もし病気にかかった場合、無事にすむとは保証できません。たとえば、小児用肺炎球菌ワクチンで予防できる肺炎球菌性髄膜炎という病気がありますが、この病気の致命率は4・6%あるのです[6]。

予防接種は、命を守るシートベルトのようなものです。シートベルトをしなくても、事故に遭わなければ無事かもしれません。しかし、運転席でシートベルトをしていなかった場合、した場合とくらべて事故に遭ったときの死亡率は56倍に達するとされています[7]。予防接種も同じで、病気にかかった結果としての後遺症リスク・致命率にくらべると、副反応などのリスクは非常に低いです。

予防接種を受けることで、重い感染症にかからなくなったり、かかっても軽くすんだりします。小児科医として、予防接種は適切な接種期間に受けてほしいと心から願っています。

もしスケジュールが遅れたり、打ち忘れてしまったりしたときは、かかりつけ医と相談することで、追いつけるようスケジュールを組み直すことができます。

予防接種アレコレQ&A

Q 接種当日、鼻水が出ていても予防接種は受けられますか？

A 万全な体調で受けるのがベストですが、乳幼児は体調をくずしやすく、万全の状態になるのを待つあいだに適切な接種期間を過ぎてしまうこともあります。37・5度以上の熱がない、軽いカゼ症状のときには接種できることもあるので、かかりつけ医にご相談を。

Q 任意の予防接種も受けたほうがいいですか？

A 予防接種には、国が法律を定め公費で受けられる「定期接種」と、原則費用を個人が負担する「任意接種」があります。制度上の違いや財政面から今は任意とはいえ、重い合併症を予防するという重要性は同じです。髄膜炎や難聴のリスクがあるおたふくかぜ、脳症などのリスクがあるインフルエンザの予防接種も受けましょう。

Q 副反応が出たときはどうしたらいい？

A 予防接種のあと、接種部位のはれや発熱などの副反応が出ることがありますが、通常1～2日以内に治る軽いものがほとんどです。接種後も受診の目安は通常と同じように考えてOK。発熱しても、元気があり、水分がとれているなら、あわてる必要はありません。52ページで紹介しているホームケアで様子を見ましょう。接種部分がはれたときは、タオルで包んだ保冷剤などで冷やしましょう。かゆみや痛みが強い様子が見られたり、発熱して強い不安を感じたりするときは、診察時間内に受診してください。

Q HPVワクチンは将来受けさせるべきですか？男の子は受けなくていい？

A

日本では20～40代の女性を中心に、毎年約1万人が新たに子宮頸がんと診断され、年間約3000人が亡くなっています。子宮頸がんの95％以上がヒトパピローマウイルス（HPV）の感染によるもので、17歳未満でHPVワクチンを接種すると子宮頸がんのリスクが88％低下すると報告されています[8]。HPVワクチンは定期接種で、小学6年生から高校1年生の女子が対象となり、標準的な接種年齢は中学1年生です。この時期に接種することをおすすめします。

また、HPVが大きくかかわっている病気には、圧倒的に男性にできやすい[9]中咽頭（ちゅういんとう）がんもあります。HPVワクチンは、男性にとっても中咽頭がんなどHPV関連がん予防のワクチンだといえます。

Q

事故予防

車内熱中症が心配です。車に乗せるときは何に気をつけたらいい？

これも大事！

20人が知りたい！

知りたいレベル ★★★★★

A

たとえ数分でも、絶対に車内に子どもを置き去りにしないで

- 車内熱中症は、赤ちゃんが重い熱中症に至る大きな要因のひとつ
- エアコン停止から15分で車内の熱中症指数は危険レベルに達する

赤ちゃんは、大人よりも体重あたりの体表面積が大きいために外気温の影響を受けやすく、暑い環境では体温が上がりやすいです[10]。また、赤ちゃんは体温を調節する機能が未熟なため、からだに熱がこもりやすい傾向があります。

とはいえ、いつも近くに保護者がいる乳幼児の場合、重い熱中症に至ることは多くありません。ただ、とりわけ気をつけなくてはいけないのが、子どもの置き忘れによる車内熱中症です。

赤ちゃんを車に残して素早く用事をすませたい日もあるかもしれません。しかし、たとえ数分でも、車内に赤ちゃんだけを残すのは大変危険です。冷房をつけていたとしても、オーバーヒートなどによっていったん冷房が切れると、閉鎖した車内の温度は急激に上昇し、エアコン停止から15分で車内の熱中症指数は危険レベルに達します。そして、サンシェードをつけたり、窓を少し開けたりしても、そのリスクはほとんど変わらないことがJAFの実証実験[11]によりわかっています。

数分でも、エアコンをつけたままでも、「子どもは車内に残さない」を鉄則にしましょう。そして、複数の大人で買い物に行く、子どもが眠りにくい朝一番に買い物するなどの対策も合わせて行うといいでしょう。

知ってる?

「赤ちゃん忘れ症候群」

疲れていたり、強いストレスを感じていたりすると、うっかり子どもの存在を忘れ、車内などに置き去りにしてしまうことがあります。海外では「Forgotten Baby Syndrome(赤ちゃん忘れ症候群)」と呼ばれ、誰にでも起こりうることとして注意喚起されています。予防としては、財布などの貴重品をチャイルドシートのある後部座席に置く習慣をつけることが推奨されています[12]。

Q

事故予防

何でも口に入れるので誤飲が心配。何か対策はありますか？

65人が知りたい！

知りたいレベル ★★★★★

A

直径4㎝以下のもの、特に危険なものは赤ちゃんの手が届かないところに置いて

☑ 誤飲すると特に危険なものは「磁石・家族の薬・ボタン電池・タバコ」

☑ 危険なものの置き場所は、成長に合わせて見直して

赤ちゃんは、手や口を使ってもののかたちや感触を確かめることがあります。その過程で起こりやすいのが、異物を飲みこむ事故です。誤飲事故は、生後6ヵ月から2歳までの男児に多く[13]、約4割は誤飲現場を目撃されていないという報告[14]もあります。

下に挙げた赤ちゃんが飲みこむと特に危険なものや、トイレットペーパーの芯（直径約4㎝）より小さなものは、赤ちゃんの手が届かない高さ1m以上の場所に置きましょう。2歳を過ぎると子ども自ら踏み台に登って手を伸ばすこともあるので、置き場所は成長に合わせて見直してください。

こうした対策は、帰省先や旅行先でも同じように行いましょう。普段赤ちゃんがいない場所は、事故予防の対策をしていないことが多く、誤飲などの事故リスクが高まります。旅先に到着したらすぐ危険なものの置き場所を家族みんなで確認し、1m以上の高さのところに置いてください。

これは特にキケン！

✕ 磁石

特に磁力の強いネオジム磁石は、複数個飲みこむと食道や胃などの粘膜を挟んで壊死させることがあります。

✕ ボタン電池

赤ちゃん自身が玩具や体温計などのふたを開けて取り出すケースもあります。飲みこむと多くは全身麻酔での処置が必要です。

✕ 家族の薬

血圧の薬、糖尿病の薬、抗うつ薬など、1錠で重い症状につながるものも。1歳前後の子どもは薬のシートから錠剤を取り出すことも可能であり、注意が必要です[15]。

✕ タバコ

誤飲時の致死量は紙タバコ1本分。加熱式タバコのスティック・カプセルは、紙タバコより小さいため誤飲リスクが高いです。禁煙するのが最良の策です。

Q

事故予防

赤ちゃんがのどに詰まらせやすい危険な食べ物ってどんなもの？

これも大事！

12人が知りたい！

知りたいレベル

A 「丸い・かたい・もちもち・つるつる」は要注意！ 左のように対策して

- 食べ物による窒息事故は、親が見守っていても起こることがある
- パンなど唾液を吸う食材は、水分をとらせながら少量ずつ食べさせて

食べ物が気道に入って窒息する事故は、乳幼児に多く起きています。消費者庁の報告〔16〕によると、2010〜14年の14歳以下の窒息死事故623件のうち、食べ物によって窒息して亡くなる割合は17%の103件。そのうち87件が6歳以下でした。

食べ物による窒息事故は、ママ・パパがそばで見守っていても起こります。歯が生えそろっていない赤ちゃんは咀嚼（そしゃく）力が弱いために食べ物をのどに詰まらせやすく、詰まったものを外に出すせきの反射もまだ弱いです。そのため、「目を離さない」だけでは食べ物による窒息事故を防げないことがあります。

のどに詰まりやすい「丸い・かたい・もちもち・つるつる」しているものは、それぞれ下のように「食べさせない」「小さく切って与える」などの対策を行いましょう。また、パンなど唾液を吸う食材を食べさせるときも要注意。一度にたくさん口に入れると窒息リスクが高まりますので、少量ずつ皿に盛って、口に入れる量を大人がコントロールし、水分を与えながら食べさせるといいでしょう。

食べ物がのどに詰まる事故を予防するには？

「丸い・かたい・もちもち・つるつる」しているものは、次のように対応する

食べさせない

丸い&つるつる：**枝豆・あめ**
もちもち：**もち・グミ**
かたい：**ピーナッツ・節分の豆**

4等分に切って与える

丸い&つるつる：**プチトマト・ぶどう・さくらんぼ**

水分をとらせながら少量ずつ食べさせる

もちもち：**パン類・ふかしいも・焼きいも**

Q

事故予防

子どもとお風呂に入るとき気をつけることは？

気になる！
9人が知りたい！
知りたいレベル ★★★★★

A

大人の洗髪中は、子どもを湯船から出しましょう

- 溺水による死亡事故は、お風呂で頻発している
- 赤ちゃん用浮き輪はプールで使い、お風呂では使用しない

乳幼児が溺水で死亡したケースの最多発生場所は、「お風呂」です。赤ちゃんはからだを思い通りに動かしにくいので、水深数cmの浅さでも溺れる危険があります。

溺れるときは、バシャバシャと大きな音がする、騒ぎ声がすると思いがちですが、人は溺れるとき、声を出す余裕もなく、静かに溺れます。音がしないから大丈夫と考えていると、事故が起こったときに気づけない可能性があります。

とはいえ、入浴中ひとときも赤ちゃんから目を離さないことをめざすのは、あまり現実的ではありません。ママ・パパどちらか1人で複数の子どもを入浴させることもあるでしょう。そんなときは、どうしたらいいのでしょうか？

大人が洗髪するときなど目を離さざるを得ないときは、子どもを湯船から出すなどして、水から物理的に距離をとることが有効です。水の深さにかかわらず、「水がある場所＝子どもが溺れるリスクがある」と考え、湯船には大人が先に入り、子どもを先に出すことを徹底しましょう。

また、赤ちゃん用浮き輪はプール用であり、お風呂では使用しないでください。水深が十分でないために赤ちゃんが浴槽の底を蹴ってひっくり返り、溺水した事故が起こっています[17]。また、残り湯で溺れる事故も起きているので、入浴後はお湯を流しましょう。

家庭での溺水事故を防ぐには?

- 入浴時は手の届く範囲内で見守る
- 大人の洗髪時は、子どもを湯船から出す
- 湯船には、大人が先に入り、子どもを先に出す
- 赤ちゃん用浮き輪をお風呂では使用しない
- 浴槽には残り湯をためない、または浴室に1人で入り込めないように安全柵を設置する
- 子どもだけで水遊びさせない

Q

事故予防

ソファから落ちて頭をぶつけた！ すぐに病院に行ったほうがいい？

30人が知りたい！

知りたいレベル ★★

A

左の受診の目安を参考に対応しましょう

☑ 0歳ではベッド・人・階段から落ちる事故が多く発生している

☑ 急いで受診する必要がないときも、24時間はよく様子を観察して

小児科外来でよく対応するケガのひとつが、頭部打撲です。東京消防庁の救急搬送データ〔18〕によると、0～1歳は転落による搬送が最多。中でも0歳ではベッド・人が抱いている状態・階段から落ちる事故が多数発生しています。

頭を強くぶつけると、たんこぶができたり、嘔吐したりすることがよくあります。それぞれ単独の症状で、元気なら大あわてで受診しなくて大丈夫。下記のケアをして診察時間内に受診してください。ただ、ぶつけた直後には症状が出にくい場合もあるので、24時間はよく様子を観察しましょう。下に示した症状があるとき、普段と違う様子が見られたときは、急いで受診してください。

［ 頭をぶつけたときのホームケア ］

ぶつけた場所に傷がないかを確認する

▶

出血していたら、傷口を清潔なタオルなどで押さえて止血する。傷がなければ、患部をタオルで包んだ保冷剤などで冷やす

▶

24時間は外出は避け、家でゆっくり過ごす

頭をぶつけたときの受診の目安	
救急車を呼ぶ	・意識の状態が悪い（眠っているかわからないときは起こして意識の確認を） ・ぐったりして泣かない　・けいれんしている ・意識はあるが左右の手足の動きが違う
診察時間外でもすぐに受診	・繰り返し嘔吐する　・不機嫌でぐずり方が激しい ・普段寝る時間帯ではないのによく眠る、眠けが強い ・「たんこぶ」「嘔吐」「機嫌が悪い」のうち2つ以上の症状がある ・歩行が不安定など普段と違う様子がある

これも知りたい！ おかわりQ

頭をぶつける事故を防ぐ方法は？

赤ちゃんは、全身に占める頭の割合が大きくて重心が高いために頭部にケガを負いやすく、2歳未満では高さ90cm以上、2歳以降は1.5m以上から落ちると重大なケガを負う可能性が高まります。ベビーベッドや階段、外出先のオムツ台など高さのある場所では、下記の点を守りましょう。また、荷物の重みでベビーカーが倒れそうになることは、多くの方が経験しているかもしれません。万一倒れても赤ちゃんが投げ出されないように安全ベルトは必ず装着して、段差があるところ、電車やバスに乗るときは特に注意しましょう。

ひとり歩きを始める1歳過ぎからは、転んで頭をぶつけることも。子どもが転ぶこと自体は防げないので、大きなケガにならないように、階段、家具の角などには安全対策をしましょう。

- **寝返り前でも、ソファや大人のベッドなど落ちる危険がある不安定な場所には寝かせない**
- **ベビーベッドの使用時、安全柵は必ず上げる**
- **階段にはガードをつける**
- **ベビーカーやオムツ台、ハイローチェアは、安全ベルトを着けて正しく使用する**
- **抱っこひもやスリングは、取扱説明書を読んで正しく装着・使用する**
- **抱っこひもを使用中に前かがみになるときは、しっかり子どもを手で支える。また、ものを拾うときは、ひざを曲げて腰を落とす**
- **抱っこひもでおんぶ・抱っこするときや降ろすときは、低い姿勢で行う**
- **家具の角には保護カバーをつける**

Q

事故予防

多少の危険は経験したほうがいいのか、事故はしっかり予防したほうがいいのか、どちらがいいのでしょうか?

気になる!
5人が知りたい!
知りたいレベル ★★★★★

A

深刻な事故を防ぎ、先を見据えて環境を整えましょう

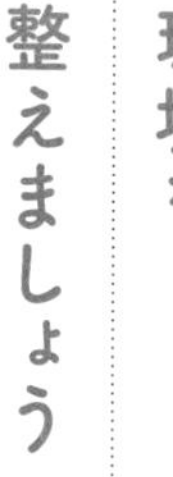

ひとつの重大な事故の背景には、事故が起こりそうで「ヒヤリ」としたり「ハッ」としたりする〝ヒヤリハット〟体験が約300件あるといわれています(ハインリッヒの法則)。子どもから常に目を離さないのは難しく、大人が見守っていても事故が起こることもあります。

子どもが転ぶなど、すべてのケガを防ぐことは困難です。子どもの遊びには失敗がつきもので、試行錯誤を繰り返し小さなケガを重ねて成長していきます。防ぐべきなのは、後戻りのできない「深刻な事故」。そのための対策をしていきましょう。

赤ちゃんの成長にともなって、安全な環境は変化します。「寝返りはまだしていないから」「つかまり立ちはしていないから」などと油断せず、先を見越して環境を整えていきましょう。

子育て情報
ウソ？ ホント？

よく耳にする子育て・健康情報について、気になる真偽を解説します。

牛乳を飲むと、背が伸びる

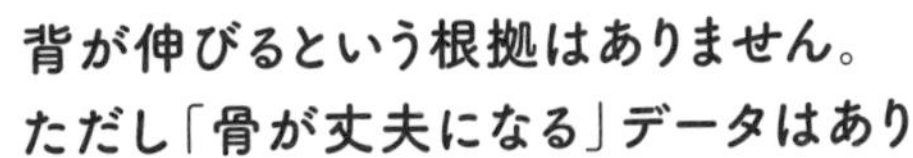

背が伸びるという根拠はありません。ただし「骨が丈夫になる」データはあり

牛乳はカルシウムが豊富で、カルシウムを摂取すると骨が丈夫になることは、多くの研究で証明されています。7歳の子どもを、カルシウムの補給を行う／行わないグループに分けて行った研究[19]では、身長の差は見られないものの、カルシウムを補給したグループの骨密度は増えました。ただし、食事ができないほど牛乳を飲みすぎると鉄分が不足し、貧血を起こすことがあります（牛乳貧血といいます）。1歳を過ぎてそのまま牛乳を飲めるようになっても、一日200～300ml程度にしましょう。

鉄製の調理器具を使っていれば鉄分不足は心配ない

料理に溶け出す量はごくわずか。離乳食でも鉄分は食材から補給して

母親の胎盤からもらった〝鉄の貯金〟は、生後6ヵ月ごろから不足し始め、生後6～11ヵ月の乳児では、一日4.5～5mgの鉄分摂取が推奨[20]されています。調理中の炊飯器や鍋に入れると鉄分が補給できるという鉄製の調理器具がありますが、溶け出す鉄分の量は水1Lに対して0.1mg以下とごく微量です。鉄分を補うには、赤身肉・マグロ・カツオ・イワシなどの食材を、月齢に応じて積極的にとり入れましょう。

真ん丸抱っこは発達にいい影響がある

医学的根拠はありません むしろ窒息リスクが上がります

赤ちゃんのからだを無理にまるめて抱っこすると、首が必要以上に曲がって赤ちゃんの気道がふさがり、呼吸が苦しくなる危険があります。一部のスリング使用についても、同様のリスクがあることを米国小児科学会が指摘しています〔21〕。スリングを使用するときは、赤ちゃんの首はまっすぐに、顔はスリング使用者からつねに見えるようにして、赤ちゃんの鼻や口がふさがっていないかをこまめに確認してください。

スリングを使うときは

男の子のほうが病気になりやすい

男の子はケガが多い というデータはあります

子どものカゼのひきやすさは、きょうだいの数・通っている保育園などの規模・本人の体質に大きく影響されることがわかっています。男の子だから病気になりやすいというのは、医学的な根拠に乏しい表現でしょう。一方、事故によるケガについては、男の子のほうが多いことがデータにより明らかになっています。たとえば、ある米国の調査〔22〕では、転落事故は男の子が約6割と過半数を占めていました。とはいえ、女の子が事故を起こさないわけではありません。事故予防は性別にかかわらず行いましょう。

子育て情報　ウソ？ ホント？

太陽の光にあたると骨が強くなる

↳ ◯ **骨の成長と維持に必要なビタミンDは日光を浴びた皮膚表面で作られます**

ビタミンDは骨の成長と維持に必要で、不足することで骨の変形が生じたり、骨折しやすくなったりするため、おろそかにできません。ビタミンDを生成するために必要な紫外線はガラスを通過しないので、屋外での外気浴がおすすめです。どれくらい日光を浴びればいいのかは地域や時間帯によって異なりますが、7月の正午の東京では、顔と手に浴びる場合7月で約10分、12月では約70分[23]といわれています。外気浴がしづらい季節は、鮭・イワシ・しらす干し・きのこ類などの食材や、ビタミンD配合のベビー用食品で補給するのも一案です。

足裏を刺激すると、脳にいい。運動神経もよくなる

足裏への刺激が発達につながるという医学的な根拠はありません

とはいえ、無理な動きをさせず、赤ちゃんが気持ちよさそうにしている範囲であれば、スキンシップをするのはいいでしょう。

PART 4

日々のお世話

「赤ちゃんのケア、このやり方で大丈夫?」

気になるアレコレ、解説します!

Q

肌のお悩み

たびたびオムツかぶれに
なってしまいます……

63人
が知りたい！

知りたいレベル ★★★★★

A

左のケアを行い、治りにくいと感じたら
早めに小児科で相談しましょう

- オムツかぶれは、おしっこやうんちの刺激によって起こる
- オムツはこまめに交換して肌を清潔にキープ

赤ちゃんの肌はデリケートで、おしっこやうんちの刺激によって、オムツがあたる部分にブツブツとした発疹、赤いかぶれ、ただれができることがあります。母乳の赤ちゃんはやわらかい便が頻繁に出るため、かぶれやすい傾向があるのです。オムツかぶれを起こしていたら、下のようなケアを行いましょう。

ケアをしてもよくならないときや、オムツがあたる部分の皮膚がむけているとき、赤みが強い・広がるときは、早めに受診してください。症状に応じて軟膏が処方されます。

また、オムツかぶれとよく似た症状に、カビが原因となる皮膚カンジダ症があります。オムツかぶれで処方された軟膏を2週間以上使っても改善しないときは、皮膚カンジダ症の可能性もあるので再度受診してください。

[オムツかぶれのホームケア]

オムツは こまめに交換する

肌を清潔に保つため、オムツはこまめにかえましょう。

布オムツを使用している場合は、紙オムツに変える

紙オムツは布オムツの約4倍吸収力にすぐれていて[1]、布オムツよりかぶれを起こしにくいというメリットがあります。

おしりはふかず、洗い流す

炎症がひどい場合は、おしりふきやガーゼが刺激になるので、ペットボトルなどにぬるま湯を入れて洗い流すか、座浴するといいでしょう。タオルで押すようにふき、よく乾かしてからオムツをはかせます。症状によりどこまでのケアが必要かは異なるので、気になるときは受診して確認するといいでしょう。

Q

肌のお悩み

よく肌をかゆがっています。もしかしてアトピー性皮膚炎？

58人が知りたい！

知りたいレベル ☆☆☆☆★

A

本文で説明した特徴にあてはまるときは小児科や皮膚科で相談しましょう

- 湿疹やあせもと、アトピー性皮膚炎を見分けるのは難しい
- 専門医のいる病院で相談するのがおすすめ

ダニやホコリなどが原因でできるアレルギー性の湿疹のことを「アトピー性皮膚炎」といいます。0〜1歳で出始めることもあり、乳児湿疹やあせもとの見分けが難しいですが、アトピー性皮膚炎には次のような特徴があります〔2〕。

・かゆみの症状がある
・湿疹やかゆみが短期間で完治せず、よくなったり悪くなったりを乳児では2ヵ月以上繰り返す
・湿疹が左右対称に現れる

症状があてはまるときは、小児科や皮膚科の専門医がいる病院を受診して相談しましょう。

アトピー性皮膚炎は、ステロイド外用薬を使って治療します。皮膚が炎症を起こしてバリア機能が低下しやすいので、入浴後は全身に保湿剤をたっぷり塗り、そのあと処方されたステロイド外用薬を塗ります。かゆみが強い場合には、その場所を冷やすことでやわらげることができます。それでも改善しない場合には、かゆみ止めの内服薬を処方することもあります。

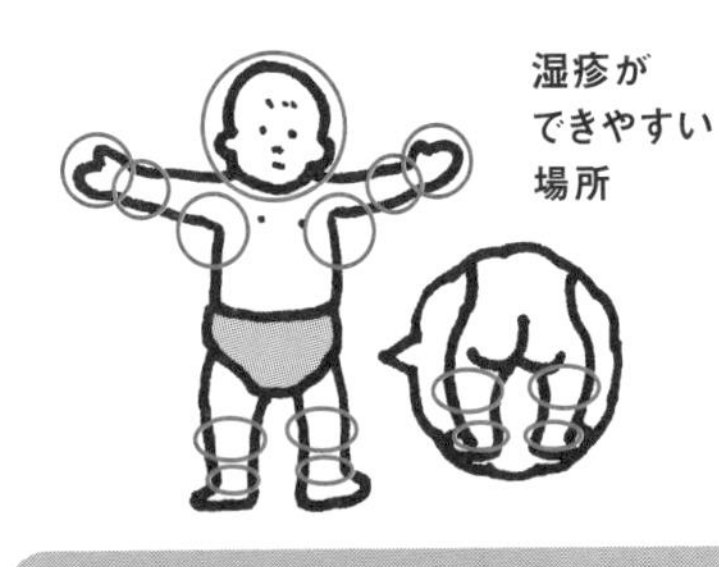

これも知りたい！ おかわりQ

アトピー性皮膚炎は予防できる？

乾燥肌の赤ちゃんや、アトピー性皮膚炎の家族がいるなど発症リスクが高い場合、保湿剤を塗ってケアすることがアトピー性皮膚炎の発症予防につながる可能性があります。また、アトピー性皮膚炎と診断された場合も、しっかり保湿することでステロイド外用薬の使用量を減らすことができます（詳しくは次ページを参照）。

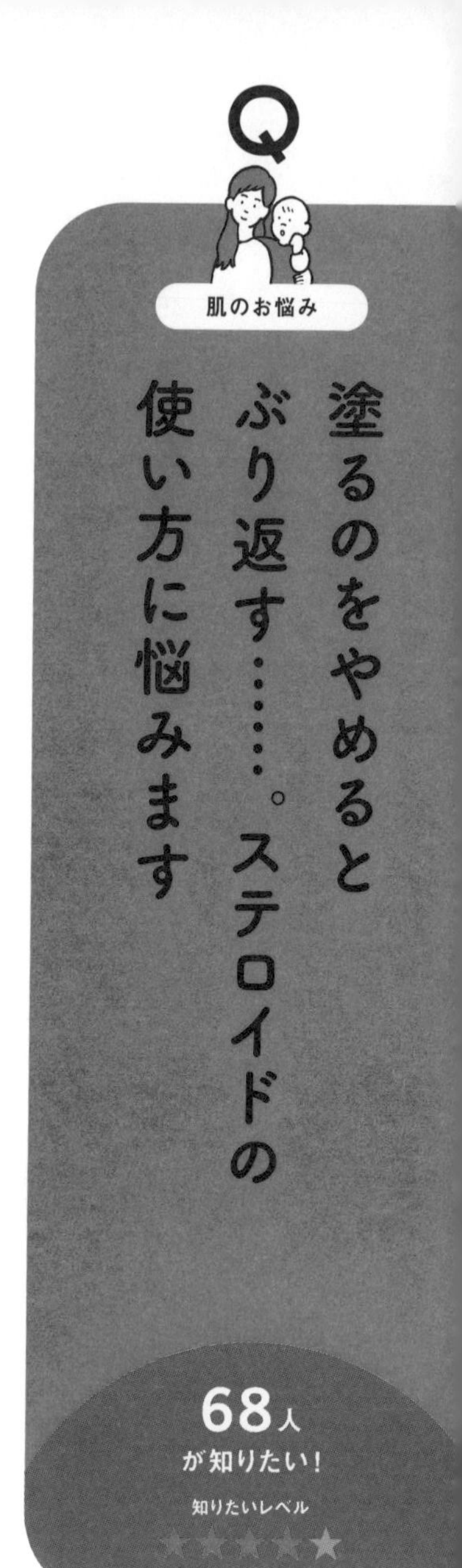

A 使い方にはコツがあります。医師と一緒に治していきましょう

- ☑ 症状が改善したあとも「焦らずゆっくり」使う量を減らす
- ☑ 症状が改善しない場合は、医師に塗り方や量を相談して

ステロイド外用薬は、湿疹やあせも、アトピー性皮膚炎の治療に用いられる塗り薬のひとつです。

ステロイド外用薬にはさまざまな種類があり、症状や部位に合った適切な強さのものを、適切な量・間隔で使うことで効果を発揮します。皮膚の表面の炎症や見た目が改善するとよくなったと思いがちですが、皮膚の表面の炎症が改善しても、内側で炎症がくすぶっていることもあります。したがって、よくなったと思ってすぐ塗るのをやめると、皮膚の内側に残っていた炎症が再燃して湿疹がぶり返すことがあるので、「焦らず、ゆっくり」塗る量を減らしていくことが大切です。

ぶり返す湿疹やアトピー性皮膚炎の治療に有効だといわれているのが、「プロアクティブ療法」です。ステロイド外用薬ですみやかに皮膚の状態をよくして、つるつるの状態になったあとも保湿剤に加えてステロイド外用薬を定期的に塗ることで、使用回数を徐々に減らしながら皮膚のよい状態を維持します〔3〕。薬の減らし方はケースバイケースなので、医師に症状や塗る量をその都度確認しながら進めましょう。

ステロイド外用薬については、副作用を心配するママ・パパの声をよく耳にします。SNSなどでは不安にさせるような言説がよく見られますが、その多くは根拠がありません。

たとえば、「ステロイド外用薬を塗り続けていると肌が黒くなる」という説がありますが、火事と消防車に例えて考えてみましょう。火事（皮膚の炎症）が起こって消防車（ステロイド外用薬）が駆けつけて消火した場合、鎮火後の家は黒く焼けているかもしれません。でも、家が黒く焼けたのは、消防車が放水したからではなく、火事の炎が原因ですね。これと同じで、皮膚に炎症があるから肌が黒くなるのであって、ステロイド外用薬が原因ではないのです。

先ほど説明したように、ステロイド外用薬の塗り方にはコツがあります。自己判断で誤った使い方を続けていると、まれに皮膚が薄くなる・顔に赤みが出ることがありますが、医師の処方通りに使えば、大多数のアトピー性皮膚炎はよくなり、問題が起こることはほぼありません。「こんなに塗っていて大丈夫かな？」「塗っているのに湿疹がぶり返す」など不安を感じたときは、ネットの不正確な情報や知人の話を頼りにせず、かかりつけ医に相談しましょう。

［ ステロイド外用薬を使うときのポイント ］

- ☑ 保湿剤のあと、医師の処方通りに塗る
- ☑ 症状が改善したらすぐにやめるのではなく、「焦らず、ゆっくり」使う量を減らす
- ☑ 症状が改善しないときは、医師に相談する

Q

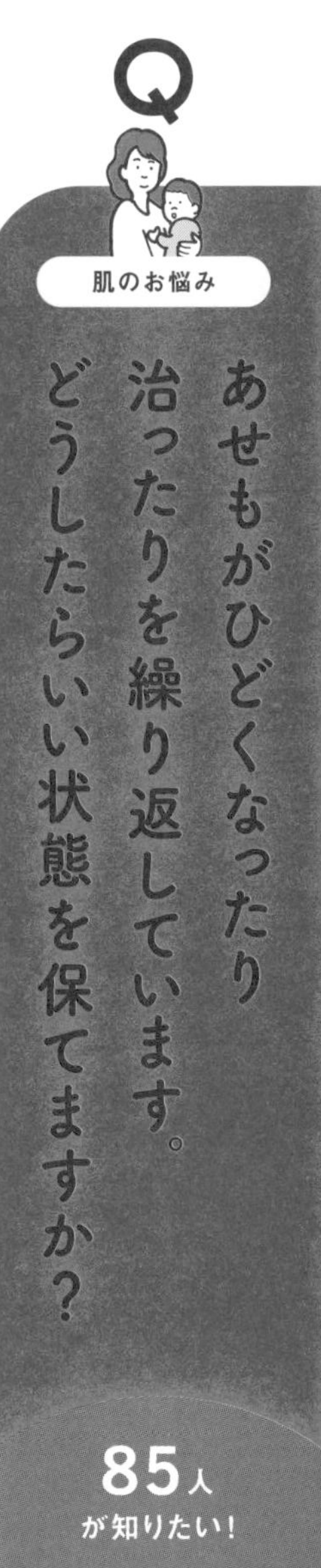

あせもがひどくなったり治ったりを繰り返しています。どうしたらいい状態を保てますか?

A

繰り返すとき、長引くときは早めに小児科を受診して

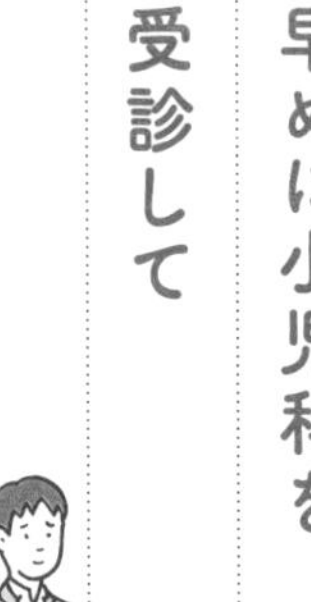

汗には体温調節の役割があり、汗をかくこと自体は悪いことではありません。ただ、汗の出る穴(汗腺)が皮脂やアカなどでふさがると、汗が皮膚の中にたまって炎症が起こり、あせもと呼ばれる温疹が生じます。たくさん汗をかいてあせもが増えているようなら、シャワー浴の回数を増やして汗をこまめに流しましょう。一方、乾燥肌の赤ちゃんは、汗の水分により肌の状態がよくなることもあります。肌の状態が落ち着いているようなら濡れタオルなどでこまめにふき、通常のスキンケアを続けましょう。あせもはおなかや背中などの体幹部、顔、手足のくびれに出ることが多く、かゆみをともない、かき壊すと症状が悪化することもあります。広い範囲に見られる・かゆみが強そう・長引く場合は受診しましょう。

肌のお悩みアレコレQ&A

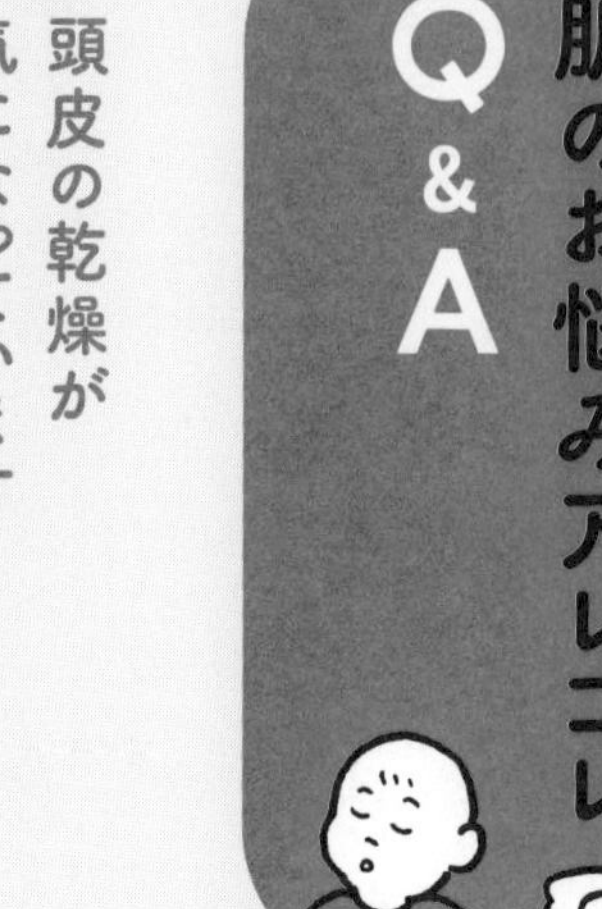

Q 頭皮の乾燥が気になっています

A 頭皮のスキンケアも、からだと同じように行いましょう。石けんで洗ってお湯でよく流し、からだに使っている保湿剤を頭皮にも塗ります。髪の毛が長く塗りにくいときは、スプレータイプの保湿剤もあるので、小児科や皮膚科を受診して相談するといいでしょう。

Q 指しゃぶりで指がカサカサ。なめる場所はどうケアしたらいい？

A 入眠後に保湿剤や処方薬を塗り、なるべく長い時間皮膚にとどまるようにする方法もあります。

Q 寝る前や寝ている間からだをかきむしっていて心配……

A かきむしるということは、湿疹によるかゆみをコントロールできない状態ということ。かきむしりが続くと皮膚のバリア機能が傷つき、湿疹が悪化しやすくなるので、まずは28～29ページで紹介しているスキンケアのポイントを参考にケアを行い、それでもかきむしりが続くようなら、小児科、もしくは皮膚科を受診しましょう。ステロイド外用薬で治療して湿疹の炎症をおさえることで、かゆみをコントロールできます。

Q 蚊に刺されてパンパンにはれた！どうしたらいい？

A 蚊、ブヨ、ダニなどに刺されたときは、患部を石けんで洗って水で流し、タオルで包んだ保冷剤などでしっかり冷やしてかゆみをやわらげ、市販のかゆみ止めの軟膏を塗りましょう。かき壊すと「とびひ」という皮膚感染症につながる恐れがあるので、かゆみが強そうなとき、痛みやはれが数日たっても改善しないときは受診してください。

Q 赤ちゃんにはどんな虫よけがいい？

A 赤ちゃんには、年齢・塗る回数ともに制限がない「イカリジン」が主成分の塗るタイプがおすすめ。虫が好む黒い服は避け、薄手の長袖、長ズボン、靴下などで肌の露出を少なくし、露出した肌に虫よけを塗ります。赤ちゃんの虫刺されは大人よりもはれやすくて治りにくいので、予防するに越したことはありません。日焼け止めと併用するときは、日焼け止め→虫よけの順番に、露出している肌に塗りましょう。

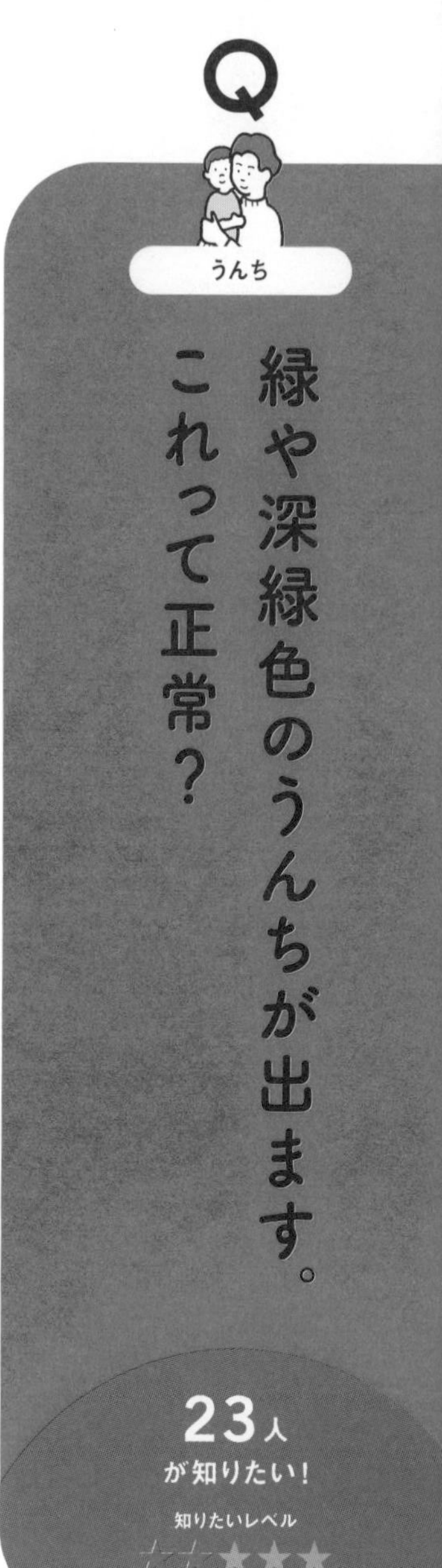

A

大丈夫！　いつも通り飲めていて
機嫌がよければ、心配ありません

- 赤ちゃんの正常なうんちは千差万別
- 左ページの〝要注意のうんち〟が出たときは受診して

うんちには胆汁に排出されるビリルビンという色素が含まれていて、この色素により黄色に見えています。うんちがおなかに長くたまっていたり、排便後にオムツの中で時間がたったりすると、ビリルビンが酸化して、緑色になることがあります。また、ミルクに含まれる鉄分の影響で緑色になることも。緑色のうんちが続いていても、赤ちゃんの機嫌がよく母乳やミルクをいつも通り飲めていれば、心配いりません。

うんちの色は、食べたものや赤ちゃんの体調によって変化します。個人差も大きく、〝いいうんち〟は千差万別で、色や形状に正解はありません。むしろ、〝よくないうんち〟の例を知っておくことが大切です。もし下のようなうんちが出たときは、必ず受診してください。

要注意のうんち	
診察時間外でもすぐに受診	• **まっ赤なうんち・いちごジャムのようなうんち** このような血便が出て、周期的に泣いたり不機嫌になったりする、嘔吐を繰り返すときは、「腸重積」の可能性があるので至急受診してください。 • **黒いうんち** 黒いうんちも血便の可能性があります。食道や胃で出血した血液が胃液と混ざると、うんちは黒くなります。 • **水のような下痢が1日6回以上ある** 嘔吐や発熱の症状もあるときは、感染性胃腸炎の可能性があります。水分がとれないと、体内の水分が失われ脱水症のリスクがあります。
なるべく早く診察時間内に受診	• **灰色・白っぽいうんち**（母子健康手帳の「便色カード」1〜3番に色が近い） 生後数ヵ月（とくに2ヵ月以内）までの赤ちゃんではじめは黄色だったうんちがしだいに薄い黄色や灰色に変化しているときは、胆管が詰まって胆汁が流れなくなる病気の可能性があります。一日も早く小児科で診察を受けてください。 • **酸っぱいニオイがする白い下痢便** 激しい下痢により、うんちが白くなることもあります。酸っぱいニオイがする白い下痢便が続くときは、ウイルス性胃腸炎の可能性もあります。

※上記以外でも、「ぐったりしている」「繰り返し吐く」「半日以上水分がとれない」ときはすぐに受診を。

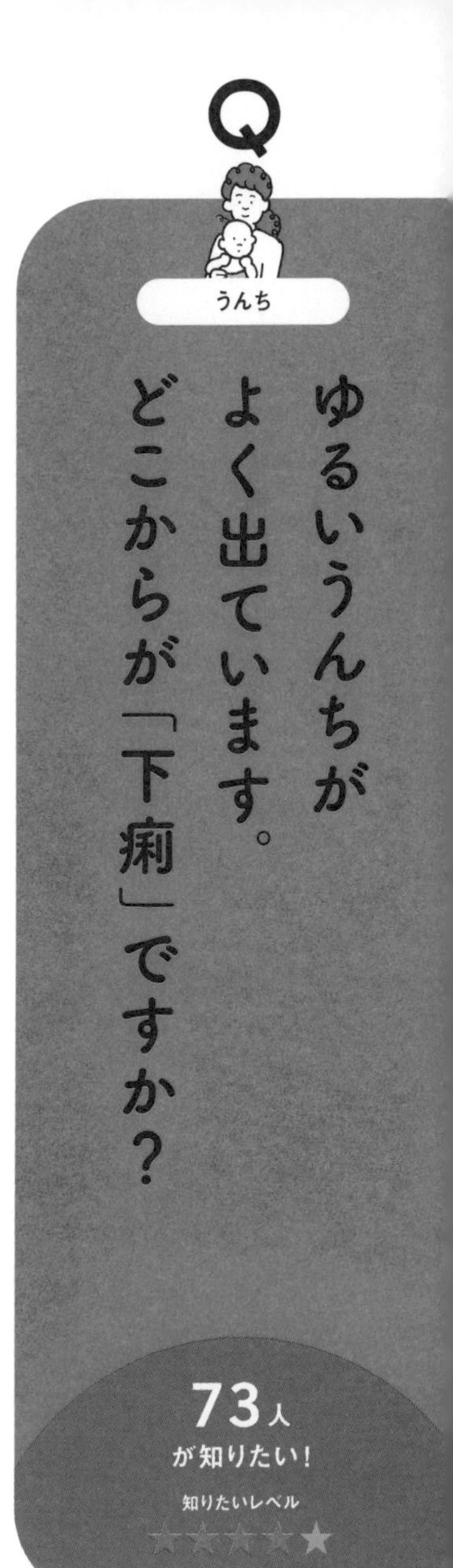

A

いつもよりゆるく、水っぽいときが下痢。普段との違いで判断しましょう

- いつもよりゆるい状態が2週間以上続くときは診察時間内に受診を
- 離乳食を始めると、腸内環境の変化により便がゆるくなることも

離乳食を始める前の赤ちゃんのうんちは、ゆるいことが多いものです。また、一般的に母乳を飲んでいる赤ちゃんのほうが排便回数は多めです。生後まもない赤ちゃんのうんちがゆるいことは、それほど不自然なことではありません。

では、どこから下痢と考えるかというと、「いつもよりゆるい、水っぽい」と感じるときです。赤ちゃんのいつものうんちと比較して判断するといいでしょう。

下痢の原因といえば胃腸炎を思い浮かべる方が多いかもしれませんが、抗菌薬の副反応や、乳児消化管アレルギー、消化器系の病気などそれ以外の原因も考えられます。嘔吐などの下痢以外の症状がなく、機嫌よく母乳やミルクをいつも通り飲めているなら様子を見ていて大丈夫ですが、「いつもよりゆるい」状態が2週間以上続くときは詳しい検査が必要なこともあるので、診察時間内に受診しましょう[4]。

離乳食を始めると、便秘になる赤ちゃんが多いですが、うんちがゆるくなる子もいます[4]。食べたものがそのまま出てくると、「離乳食の作り方がよくなかった？」「栄養不足にならない？」などと不安になるかもしれませんが、これは腸内環境の変化による影響なので、嘔吐をともなっていなければ、離乳食はそのまま続けて問題ありません。体重が順調に増えていれば栄養不足の心配もありませんが、胃腸炎のあとなどは、腸の粘膜がダメージを受けて下痢が続くことがあります。気がかりなときは小児科でご相談ください。

Q

デリケートゾーン

おちんちんは、むいて洗うの？〝むきむき体操〟は必要ですか？

56人
が知りたい！
知りたいレベル
★★★★★

A

無理にむいて露出させるのはＮＧ 石けんの泡で洗ってシャワーで流して

- からだと同じように石けんの泡で洗ってシャワーで流せばＯＫ
- 〝むきむき体操〟を自己流で行うのは避けて

亀頭を露出させて洗ったほうが清潔になると思うかもしれませんが、無理にむくと包皮が傷つき、出血することがあります。お風呂で洗うときは、無理に露出させずに、石けんの泡でやさしく洗ってシャワーで流すだけで十分です。

また、包皮を定期的に少しずつむいて亀頭を出す、いわゆる〝むきむき体操〟を自己流で行うのはNGです。無理に露出させようとして包皮が傷ついたり、出血したりを繰り返していると、包皮がかたくなってさらにむきにくくなったり、炎症を起こしておちんちん全体がまっ赤にはれ上がる「嵌頓(かんとん)包茎」という緊急事態を招くこともあります。

子どもの包茎は、自然に改善するのを待つのが基本方針です。出生時はほぼ100％が包茎の状態で、成長するにつれて包皮と亀頭の間にある癒着がはがれていきます。亀頭がすべて露出するのは、生後6ヵ月で5％未満、11〜15歳で約63％とされ〔5〕、小学生になるまでには亀頭の一部は自然と見える状態になることが多いです。

一方で、亀頭包皮炎などの感染症を繰り返す、おしっこがまっすぐ飛ばない、細くて勢いが弱いなどの排尿障害がある場合には、治療の対象になります。最近では、局所にステロイド軟膏を塗る方法が一般的です。この治療は、多くの研究で有効性が高く〔6〕、安全であることが示されています。専門は小児泌尿器科や小児外科ですが、まずはお近くの小児科でお尋ねいただいてもいいと思います。

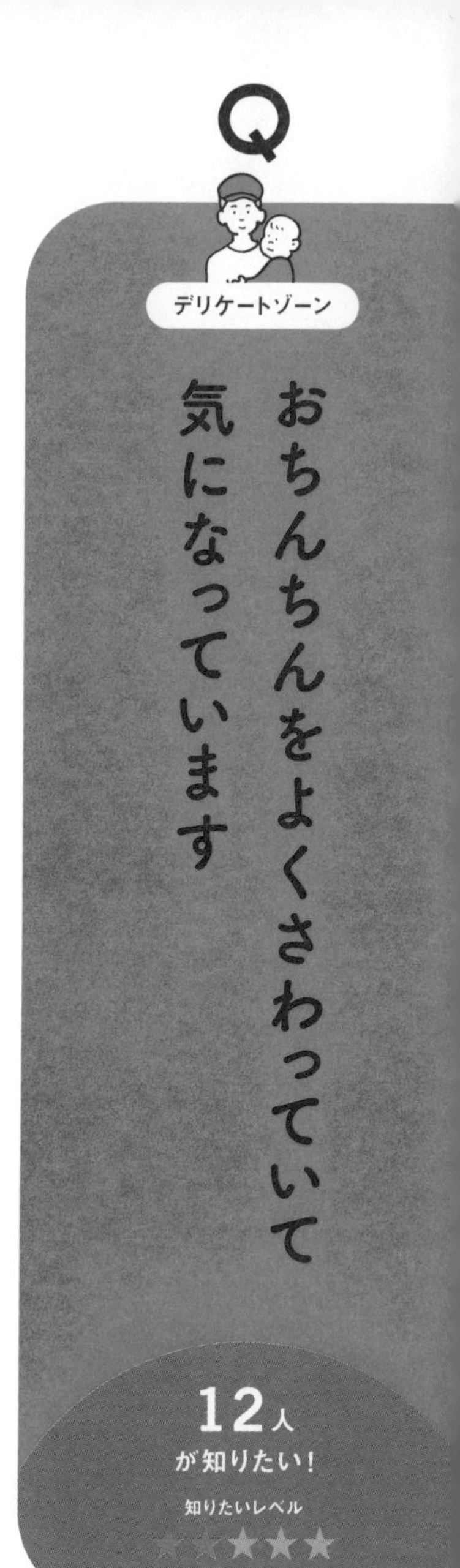

A

一時的なことで、成長にともない自然としなくなっていきます

- 「ダメ！」と怒らず、ほかのことに注意をそらして
- さわっても雑菌が入らないように、爪は短くして、帰宅後は手洗いを

おちんちんを引っ張ったり、デリケートゾーンをさわったりするわが子の姿に驚くママ・パパは少なくありません。そのままほうっておくと、クセになって、集団生活で支障が出るのではと心配になるかもしれませんが、乳幼児期のこうした姿は性別にかかわらずよくあること。一時的なものであり、成長にともなって自然となくなるので心配ありません。

赤ちゃんや子どもがデリケートゾーンをさわることに性的な意味合いはなく、手持ち無沙汰だからしている場合もあります。「ダメ！」と怒ったり注意したりするのではなく、「絵本読もうか？」「お散歩行く？」など、ほかのことに注意を向けるような声かけをして、親とのかかわりを増やすことも有用です。

不潔な手でデリケートゾーンをさわると、雑菌が侵入してかゆみや痛みを生じることがあります。

・赤ちゃんの爪は短く切る
・ひとり歩きを始めたら、帰宅後は石けんで手を洗う

というエチケットを、習慣にしていきましょう。

なかには、オムツかぶれなどの湿疹によってかゆみが生じて、さわっている場合もあり、湿疹の治療で改善することもあります。たびたびさわっていて気になるときは、診察時間内に小児科で相談してもいいでしょう。

Q

デリケートゾーン

女の子のデリケートゾーンはどこまで洗ったらいいですか？

気になる！

8人
が知りたい！

知りたいレベル ☆★★★★

A 奥まで無理に洗わず、からだと同様に石けんの泡でやさしく洗いましょう

女の子のデリケートゾーンは、入浴時に石けんの泡で洗い、やさしくシャワーで洗い流しましょう。奥までうんちが入って気になるときは、オムツ交換のあとに座浴やシャワー浴などで洗い流してもいいでしょう。

女の子は、尿道が短いため細菌が膀胱に侵入しやすく、尿路感染症を起こしやすい傾向がありますが、排便後に毎回座浴やシャワー浴をしたり、奥までゴシゴシ洗ったりする必要はありません。排便後はおしりふきで肛門のまわりや外陰部をふき、オムツを交換します。もし普段より赤みが強い・かぶれているときは、赤ちゃん用の保湿剤を塗っておしっこやうんちの刺激から肌を保護します。それでも改善しないときは、カンジダ膣炎などの感染症の可能性も考えられるので小児科を受診してください。カンジダ膣炎は、患部を清潔に保ち軟膏を塗ることで治療します。

ケアのお悩み アレコレQ&A

Q おへその"ごま"は掃除したほうがいいですか？

A ほこりやアカなどが、皮脂や汗で固まったものが「おへそのごま」。入浴中に石けん＋シャワーで洗い流すか、オリーブ油でやわらかくして綿棒やガーゼなどでふき取りましょう。爪などで無理に取り除こうとすると、雑菌が入って化膿することがあるので避けてください。

Q 日光浴って必要ですか？

A 日光を浴びると皮膚表面でビタミンDが作られます。ビタミンDは骨の成長と維持に必要で、不足すると骨の変形が生じ、骨折しやすくなるためおろそかにできません。近年は紫外線にあたる頻度が減る傾向があり、ビタミンDが不足しやすいとの指摘があります〔7〕。紫外線によるリスクを考慮すると、直接日光にあてるのを避ける外気浴がおすすめです。適切な時間は地域や時間帯で異なります。下記サイトなどを役立ててください。妊娠・授乳中の女性、母乳栄養児はビタミンDが不足しやすいとされ〔8〕、市販サプリメントによる補充も有用とされています。

■参考サイト：国立環境研究所地球環境研究センター「ビタミンD生成・紅斑紫外線量情報」

検証！

子育て情報 今・昔

**ママ・パパ世代と祖父母世代とでは、
子育ての考え方が異なる場面も多いもの。よく耳にするギャップと
その真偽について解説します。**

昔 お風呂上がりには湯冷ましを飲ませる

→ 今 ほしがったら母乳・ミルクをあげる

通常の入浴によって脱水になるとは考えにくく、入浴したからといって必ず水分補給が必要なわけではありません。また、入浴後の飲み物は湯冷ましが最適という根拠もありません。かつては大人が風呂上がりに水を飲むような感覚で、湯冷ましをあげていたのかもしれませんね。赤ちゃんが入浴後にほしがっているときには、湯冷ましにこだわらず、飲み慣れている母乳・ミルクなどをあげましょう。

昔 お風呂上がりにはベビーパウダーをつける

→ 今 入浴後は保湿剤をたっぷり塗る

かつてはあせも予防のためベビーパウダーを使うことがありましたが、近年では子どもの肌には乾燥ではなく、保湿することがすすめられています。保湿剤を塗って皮膚のバリア機能を補うことで、アトピー性皮膚炎の発症リスクを下げられる可能性があります。入浴後は保湿剤をたっぷり塗って、赤ちゃんの肌を保湿しましょう。

昔 薄着で過ごすと丈夫に育つ

↳ **今** 赤ちゃんにはこまめな衣服調節が大切

「薄着は自律神経を鍛え、寒さに耐える力を育てる」といわれていましたが、科学的な根拠はありません。赤ちゃんは体重あたりの体表面積が大人よりも大きく、外気温の影響を受けやすいので、衣服やガーゼケットなどで大人以上にこまめに調節しましょう。

昔 離乳食は果汁からスタートする

↳ **今** 生後5~6ヵ月ごろおかゆから始める

かつては離乳食の準備として果汁をスプーンで飲ませることがすすめられていましたが、厚生労働省による最新版の「授乳・離乳の支援ガイド」[9]には、「離乳の開始前に果汁やイオン飲料を与えることの栄養学的な意義は認められていない」と記載されています。また、米国小児科学会[10]でも「ジュースは新鮮なくだもののかわりにはならず、糖分とカロリーが増えるだけ」として、1歳未満にはジュースを飲ませないよう推奨しています。離乳食は、10倍がゆから始める必要はなく、スプーンの上に容易にとどまる濃さのおかゆから始めましょう(薄すぎるおかゆはカロリーが低く、必要カロリーを満たせないため)。

子育て情報　今・昔

昔 泣いてすぐ抱っこすると抱き癖がつく

→ 今 積極的に抱っこしてOK!

抱っこすると抱き癖がつくという根拠はありません。むしろ、泣いたら抱っこしてもらい、不快な気持ちに繰り返し応じてもらうことで、親子の愛着関係がはぐくまれていきます。

昔 布オムツを使って、早くオムツをはずすのがいい

→ 今 トイレトレーニングは早さより本人のペースが大事

オムツはずれが早くなるという理由で、布オムツを推奨する小児科医はほとんどいません。紙オムツは布オムツの約4倍吸収力にすぐれていて[1]、布オムツよりかぶれを起こしにくいというメリットがありますし、トイレトレーニングは早さより、子どものペースで進めることが大事だと今は考えられています。また、紙オムツは化学物質が使われていて肌によくないという説にも根拠はありません。

アップデートしている情報を祖父母世代にどう伝える?

医療情報は日々更新されていて、現在では否定されている考え方でも、祖父母世代が子育てした当時には常識だとされていたものは多々あります。子育ての経験は、その人の価値観につながっていることも多いため、伝え方には工夫が必要です。祖父母世代にアップデートした情報を伝えるときは、雑誌やこの書籍を見せるなどして間接的に共有すると、波風が立ちにくいかもしれませんね。

PART 5

栄養と睡眠

大切だからこそ、お悩みもいっぱい。
気持ちが楽になるアドバイスをお届け！

Q

授乳のお悩み

母乳をあげているあいだはケーキや揚げものを食べちゃダメ?

14人が知りたい!

知りたいレベル ★★★★★

A

バランスのとれた食事を心がけていれば甘いものや脂っぽいものもOK!

- 母乳は、母親が食べたものから直接作られているわけではない
- 甘いもの、脂っぽいものを食べると乳腺炎になるという根拠はない

母乳は、母親が食べたものから直接作られているわけではなく、母親の血液中の成分をもとに乳房の乳腺で作られます。また、母乳の栄養成分は、母体から優先的に調整されています。

からだには、体内の環境をできるだけ一定に保とうとするしくみがあり、甘いものや脂っぽいものを食べたからといって、すぐさま血糖値や血中コレステロール値が急上昇するわけではありません。

また、甘いもの、脂っぽいものを食べると乳腺炎になるという医学的根拠はありません。乳腺が詰まる要因について、米国小児科学会は

・授乳回数が急に減ったこと
・授乳姿勢が適切ではないこと
・衣服や下着がきつくて乳房が圧迫されていること

を挙げています[1]。

もちろん、朝から晩までケーキばかり食べていては栄養バランスがくずれる可能性はありますが、バランスのとれた食事を心がけていれば、ケーキなどの甘いものや脂っぽいものを極端に避けなくても大丈夫です。

これも知りたい！おかわりQ

授乳中にコーヒーや紅茶を飲んでもいい？

カフェインは母乳を通じてママから赤ちゃんに移行しうるものですが、1日あたり約300mg以下、つまりコーヒー2〜3杯程度までは問題ないとされています[2]。この程度にとどめておけば、授乳中だからといって禁止する必要はありませんよ。

Q

授乳のお悩み

赤ちゃんが寝ていても3時間おきに授乳しないといけないの？

A

体重が順調に増えていれば起こしてまで授乳しなくても大丈夫

1ヵ月健診で体重が順調に増えていると確認できていれば、「授乳は3時間おき」にこだわりすぎなくて大丈夫。「飲む・寝る・遊ぶ」がいつも通りできて、体重が順調に増えていれば、栄養はたりているということ。特に3～4ヵ月健診以降は、母乳の分泌に支障がないようなら、基本的に赤ちゃんがほしがったらミルクや母乳を飲ませるというスタンスでOKです。保健センターに行けば身体計測をしてくれるので、不安なときは相談してもいいでしょう。

また、口をチュパチュパしている、泣いているなど、赤ちゃんが母乳やミルクをほしがっているなら、3時間以内にミルクや母乳を飲ませてOK。飲みたがって泣く赤ちゃんを抱っこしながら「あと10分……」と厳密に授乳時間を管理する必要はありませんよ。

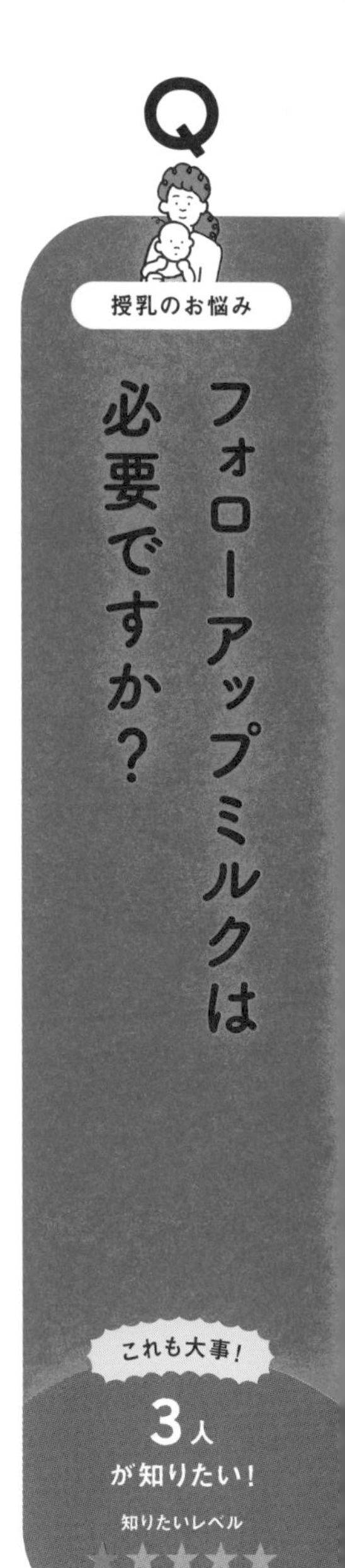

フォローアップミルクは必要ですか？

A 母乳や育児用ミルクのかわりに飲ませる必要はありません

フォローアップミルクは、離乳食と併用することを目的にした調製粉乳です。離乳食が1日3回食となる生後9ヵ月以降に、離乳食が順調に進まず、鉄分不足などのリスクが高い場合に使用します。離乳食が食べられているなら、フォローアップミルクを飲ませる必要はありません。また、フォローアップミルクは基本的に牛乳の代用品であり、母乳や育児用ミルクをやめてフォローアップミルクに切りかえる必要もありません。

なお、フォローアップミルクを長期に多量飲用して高カルシウム血症となった症例が報告されています〔3〕。3回食となっても赤ちゃんの離乳食が進まないときは、フォローアップミルクを飲ませるかどうかを含め、小児科や保健センターなどに相談しましょう。

Q

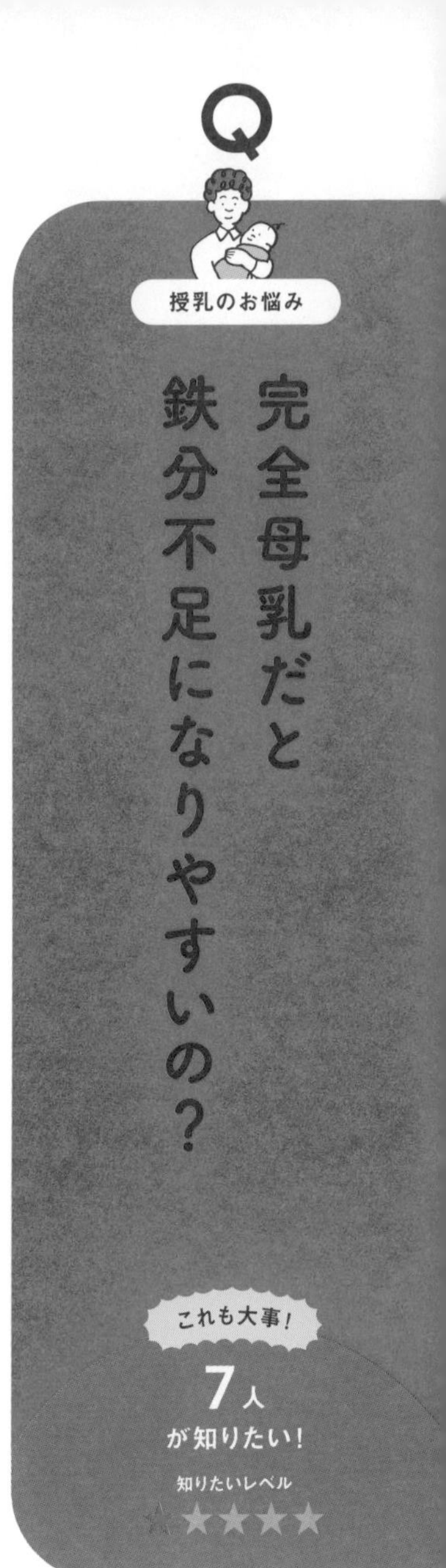

A

離乳食が進まず、母乳栄養のみの場合は鉄分不足になりやすい傾向があります

- 赤ちゃんの貧血は、生後9ヵ月ごろ鉄分不足によって起こることが多い
- 鉄分を多く含んでいる食材を月齢に応じて積極的に離乳食にとり入れて

赤ちゃんの貧血は、一般的に生後9ヵ月ごろの離乳食後期に、鉄分が不足することによって起こることが多いです。

赤ちゃんは、母親の胎盤から〝鉄の貯金〟をもらって生まれます。この貯金は生後半年ほどから徐々に減っていきます。母乳に含まれている鉄分も徐々に少なくなります。一方で、生後9ヵ月ごろにはからだの発育が盛んで鉄分の消費も激しくなります。不足している鉄分を補うには、鉄分を多く含んでいる赤身肉、マグロ、カツオ、イワシなどの食材を、月齢に応じて離乳食に積極的にとり入れることが大切です。

離乳食が進まず、母乳栄養のみで育つ期間が長い場合は、鉄分不足になりやすい傾向があります。

貧血はゆるやかに進むので気がつきにくく、たまたまほかの理由で血液検査をして気づかれることが多いです。進行すると

- 顔色が青白くなる
- 元気がなくなる
- 不機嫌が続く

などの症状が現れます。

貧血がある場合、その原因を調べ、鉄分が不足していることが原因だとわかれば、鉄剤を内服して治療することになります。

知ってる?

「泣き入りひきつけ」

「泣き入りひきつけ（憤怒けいれん）」とは、赤ちゃんが激しく泣いたあとに、呼吸が止まったようになり、からだを突っ張らせたり、顔色が悪くなったりする状態のことをいいます。生後半年から1歳代に起きやすく、予後は良好です。発作頻度の高い例では鉄分不足による貧血と関連しているという報告があり、発作を繰り返すときは小児科で相談してください。鉄剤を処方するとよくなることがあります。

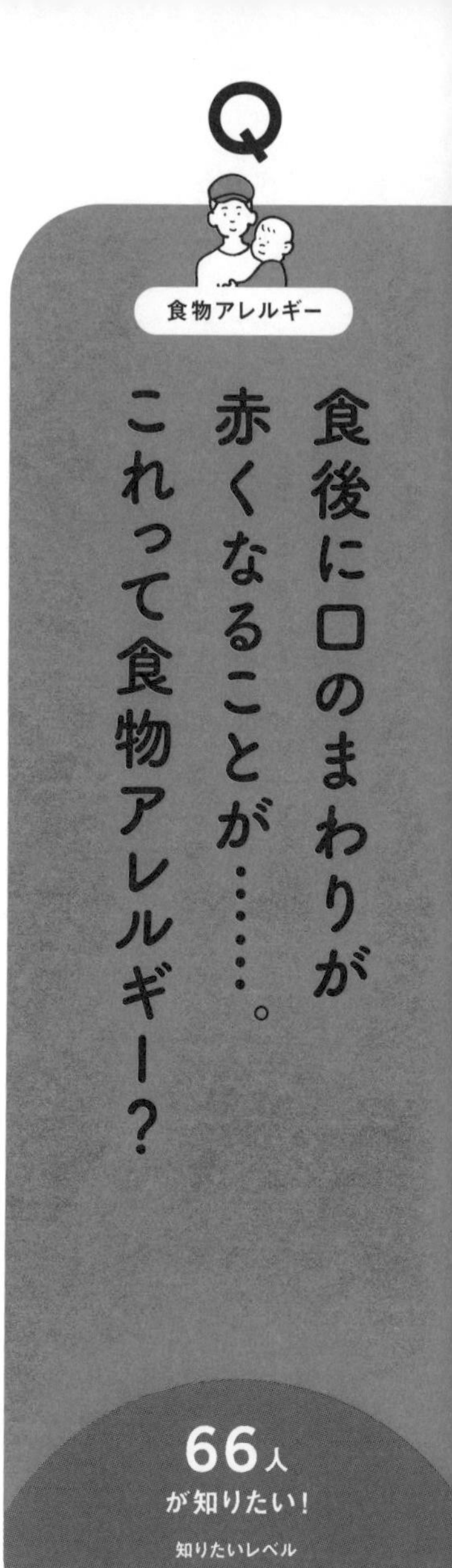

A

些細なことでも、気になる症状があれば

かかりつけ医に相談を

- 食事中のよだれでかぶれている場合もある
- 自己判断して特定の食材を除去せず小児科で相談しましょう

特定の食材によるアレルギー反応で口のまわりが赤くなることもあれば、食事中のよだれでかぶれる場合もあります。詳しいことは診察してみないとわからないので、自己判断で特定の食材を除去せずに、かかりつけ医に食べたものと症状を伝えて、離乳食の進め方を相談しましょう。

食物アレルギーは、食後2時間以内、多くは食後30分以内にじんましんが出たり、顔や唇がはれたり、せきや嘔吐などの症状が見られます。まれに「アナフィラキシーショック」という重篤な症状も起こるので、下の受診の目安を参考に、どんどんぐあいが悪くなるときはすぐに救急車を呼んでください。

食物アレルギーの受診の目安

症状が急速に進むようなときは至急救急車を呼んでください

救急車を呼ぶ	• **ぐったりしている** • **以下のようなアナフィラキシー症状が1つでもあり、どんどんぐあいが悪くなる** ゼイゼイしている／せきがずっと続いている／繰り返し嘔吐する／意識がはっきりしない／青ざめている
診察時間外でもすぐに受診	• **せきが多い** • **不機嫌な状態が続く**
診察時間内に受診	• **食後2時間以内に下記のような症状が出て、症状が急速に進まないとき** 皮膚　かゆみ、じんましん、赤み 目　結膜の充血、かゆみ、まぶたのはれ 口・のど　口・のどの中の違和感、イガイガ感、唇・舌のはれ 鼻　くしゃみ、鼻水、鼻詰まり

これ以外の症状でも食べたものとの関係が心配なときは受診してOK

Q

食物アレルギー

食物アレルギーは予防できますか？

16人が知りたい！

知りたいレベル ★★★★★

A

最近の研究で予防に関連するポイントが少しずつ明らかになってきています

- 予防のために妊娠中や授乳中に特定の食べ物を避ける必要はない
- 赤ちゃんの離乳食の開始時期を遅らせる必要はない

以前は妊娠・授乳中の母親が食物アレルギーの原因になりやすい卵や牛乳などの摂取を避けることで子どもの食物アレルギー発症を予防できるのではと期待された時代もありましたが、現在では母親の食物除去は食物アレルギーやアトピー性皮膚炎の発症予防につながらないことがわかっています[4]。さらに、食物除去は母親と子に栄養障害を引き起こすリスクがあるため、現在はアレルギー発症予防を目的に妊娠中や授乳中に母親が食物除去をすることは推奨されていません。

また、離乳食の開始を遅らせることで食物アレルギーの発症を予防できるという根拠もありません。むしろ遅らせることで食材のアレルゲン（アレルギーの原因物質）に感作（免疫が働き、アレルギー反応を起こす体質になってしまうこと）されやすくなり、アレルギーのリスクが上がる可能性が指摘されています。離乳食の開始時期は厚生労働省が示す離乳食の基本ガイドライン[5]で生後5～6ヵ月ごろが適切とされており、これより早めたり遅らせたりすることはすすめられていません。

乳児期早期から保湿剤を使用することがアトピー性皮膚炎の発症を予防する可能性は示唆されていますが、食物アレルギー発症予防につながるかどうか現時点では明らかではありません。ただ、アトピー性皮膚炎などの湿疹がある場合は早めに治療することで食物アレルギーの発症リスクを下げられる可能性も指摘されており[6]、離乳食開始時に湿疹がある場合には、かかりつけ医と相談してしっかりと治療しておくことは大事かと思います。

Q

食物アレルギー

離乳食を始める前に食物アレルギーの検査はできる？

24人が知りたい！

知りたいレベル ★★★★★

A

基本的に、離乳食を食べる前に検査をすることはありません

食物アレルギーは、何をどれだけ食べたらどんな症状が出たのかを詳しく問診して、特定の食べ物で症状が出るときに血液検査を行います。そもそも、血液検査だけで食物アレルギーかどうかを判断することはできません。血液検査はあくまで「可能性」を示すだけで、実際に食物アレルギーがあるかどうかは食べてみないとわからないからです。したがって、食物アレルギーは、医療機関で特定食材を実際に食べて症状の有無を調べる「食物経口負荷試験」を行って確定診断します。

ただし、離乳食開始前にすでに乳児湿疹の程度が強く、なかなか治らないなど、強いアレルギー体質が疑われる場合は、湿疹の治療とともに離乳食前に血液検査を行う場合もあるので、まずは小児科で相談してみるといいでしょう。

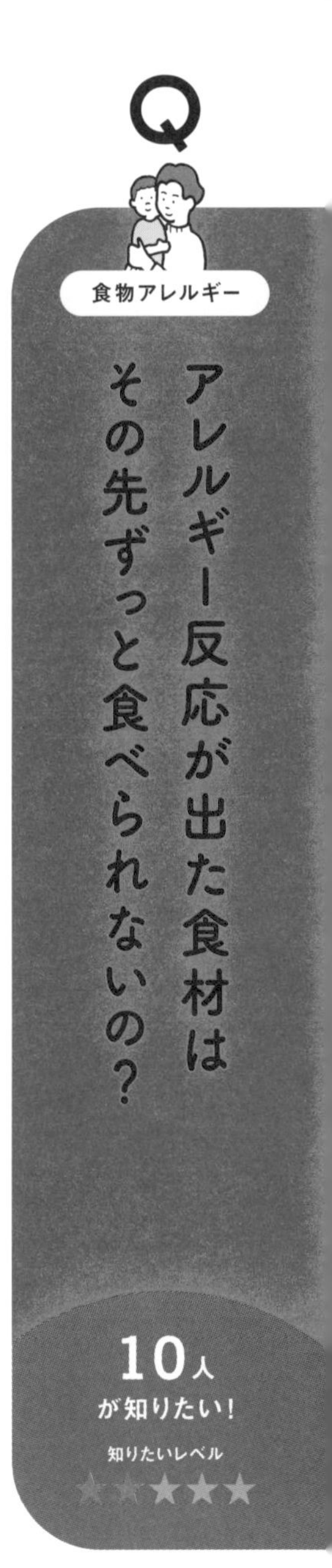

A 鶏卵・牛乳・小麦は、小学校入学までにほとんどの子が食べられるように

乳幼児期に発症した食物アレルギーの多くは、成長にともなって治っていきます。たとえば、鶏卵は4歳から4歳半までに約50％が、6歳までに80％が耐性を獲得できる（＝食べられるようになる）などの報告があります。牛乳は3歳までに50～60％、6歳までに80％近くが、小麦は4歳までに30～60％、8歳までに50～70％が耐性を獲得したと報告されています。

一方で、ナッツ類やピーナッツアレルギーは、成人まで持ち越すことが多いとされています。また甲殻類に関しては、乳児期に発症した例では耐性を獲得できる可能性はあるものの、長期の経過はまだよくわかっておらず、年長児で発症したケースでは耐性を獲得しにくいと考えられています〔7〕。

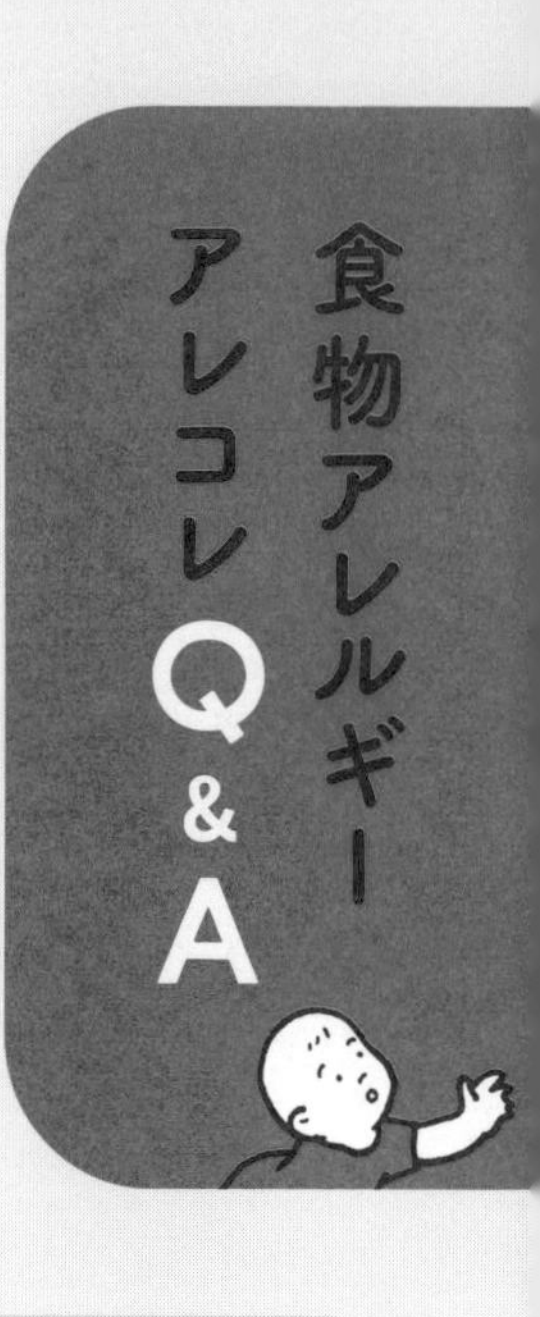

食物アレルギーアレコレQ&A

Q 食物アレルギーの原因として増えている食材はある？

A 最近は、ナッツ類、特にくるみのアレルギー児が増加傾向にあります。日本でナッツ類の消費量は増加していて、食べる人が増えている分、子どもが触れる機会も増えているからだろうと考えられます。なお、かたいナッツ類には、窒息・誤嚥のリスクもあるので、5歳以下にはそのままの形で与えないでください。

Q 親・きょうだいに食物アレルギーがある場合、気をつけることは？

A 以前は食べ始める時期を遅らせることがありましたが、現在は遅らせる必要はないと考えられています。離乳食は通常通り進めて、135ページのような症状が出ないかをよく観察しましょう。

Q 新しい食材を試すときは初回だけ注意すればいい？

A 初めての食材を一度試して問題なくても、2回目以降に急にたくさんの量を食べさせるのは避けましょう。アレルギー反応は量が多いほど起こりやすくなります。2回目、3回目と回数を重ねるごとに少しずつ段階的に増やしていくと安心です。

Q 「遅延型食物アレルギー検査」は役立ちますか？

A 食べ物を摂取した数日後などに症状が出る遅延型の食物アレルギーを調べるとする「遅延型食物アレルギー検査」で、食物アレルギーの有無は調べられません。保険診療で行う食物アレルギーの検査は、「IgE抗体」の値でアレルギーの起こりやすさを判断します。一方、自費診療で行う遅延型食物アレルギー検査は、食材が食べられるようになると上昇する「IgG抗体」の値を調べます。つまりIgG抗体は食物アレルギーのない人にも存在する抗体で、陽性だからといって食べられないわけではないのです。したがって、検査は不要な食品の除去につながり健康被害を招く恐れがあります。日本小児アレルギー学会・日本アレルギー学会でも注意喚起[8]をしています。

Q 「食物経口負荷試験」はどこで受けられますか？

A 食物経口負荷試験は、十分な食物アレルギーの診療経験をもつ医師のもとで安全に配慮して行うことが望ましく、実施施設は「食物アレルギー研究会」のウェブサイト（foodallergy.jp）で調べることができます。

睡眠・夜泣き

Q あお向けで寝かせても いつのまにかうつぶせ寝に。そのまま寝かせていてもいい？

18人が知りたい！

知りたいレベル ★★★★★

A 1歳になるまでは気づいたときになるべくあお向けに戻しましょう

睡眠中に赤ちゃんが死亡する「乳幼児突然死症候群（SIDS）」という病気があります。国内の発生頻度は6000～7000人に1人で、生後2～6ヵ月に多く、1歳以上で発症することはまれです〔9〕。SIDSを引き起こす要因は多様で、まだわかっていないことが多いのですが、複数の要因が重なって起こると考えられています。現在わかっているSIDSのリスク因子のひとつが「うつぶせ寝」です。

このように紹介すると、寝返りしないようにずっと見張らなければいけないの？と思うかもしれませんが、現実的ではありませんね。1歳になるまでは、「気づいたときにあお向けに戻す」「赤ちゃんの顔のまわりにやわらかいまくらやおもちゃを置かない」「赤ちゃんにはベビー用寝具を使用する」など、可能な範囲の対策を行いましょう。

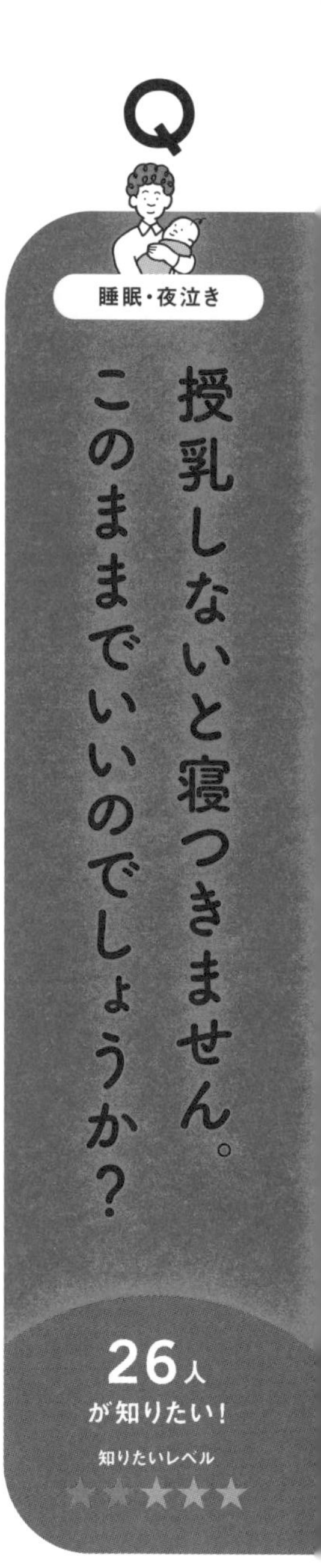

授乳しないと寝つきません。このままでいいのでしょうか？

A 離乳食から栄養補給できていて体重増加が順調なら夜間断乳も一案です

米国小児科学会の患者向け資料〔10〕では、夜間授乳について次のようなアドバイスをしています。

・ミルク栄養児は最後の授乳から2時間以上経過、母乳栄養児は最後の授乳から1時間半以上経過している場合、ほしがれば授乳していい

・それ以外の場合、赤ちゃんが泣くたびに授乳しない

欧米では赤ちゃんと別室で寝る習慣があり、寄り添って眠ることの多い日本でこの通り対処するのは難しいかもしれませんが、泣くたびに授乳すると習慣化する可能性はあります。

ママが夜間頻繁に授乳するのがつらいと感じている場合、赤ちゃんが離乳食からも栄養補給できていて体重が順調に増えていれば、夜間断乳を考えてみるのもひとつの方法です。

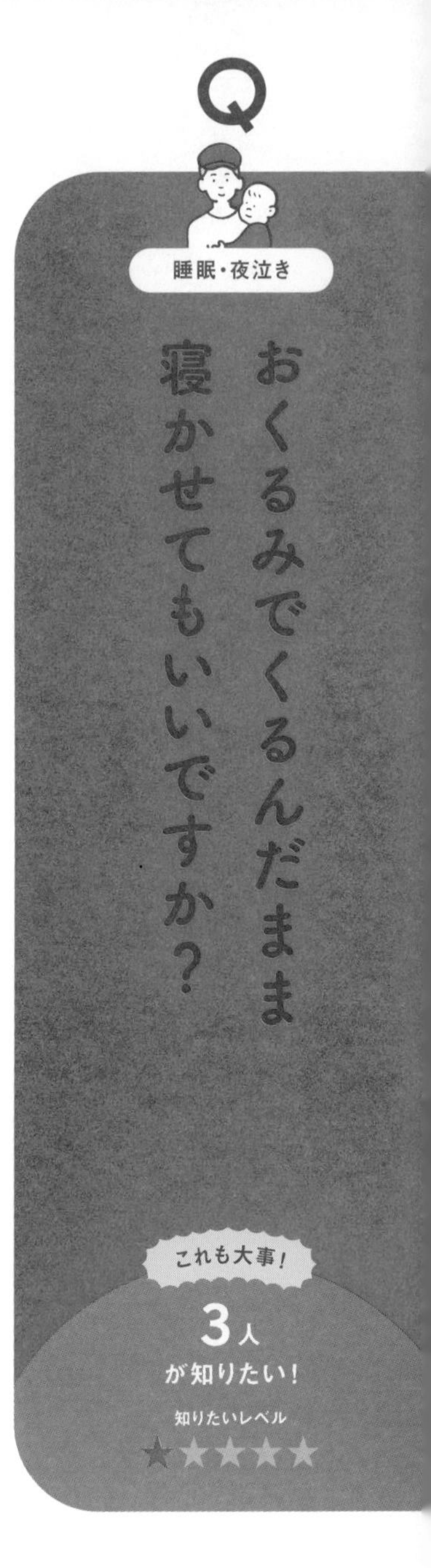

A 股関節の病気やSIDSリスクを考慮し眠りについたら必ずはずしましょう

- おくるみで包んだまま寝返りをすると元の体勢に戻りにくい
- 足を伸ばした状態が長時間続くと、股関節がはずれるリスクがある

赤ちゃんの寝つきがよくなるとして、伝統的な育児グッズ・おくるみが近年注目されています。その一方で、おくるみを使用するリスクも指摘されています。そのひとつが「うつぶせ寝とおくるみの使用が組み合わさるとSIDSのリスクが上がり、月齢が進むほどそのリスクが高まる」[11]というものです。

おくるみでくるんだ状態で寝返りをすると元の体勢に戻りにくいことから、米国小児科学会では「生後3～4ヵ月になって寝返りの兆候が出てきたら、おくるみは適切ではない」[12]と提唱しています。

また、おくるみによって足を伸ばした状態が長時間続くと、赤ちゃんの股関節がはずれてしまう「発育性股関節形成不全」という病気になるリスクがあります[13]。

このような点から、おくるみに対して懸念を抱く小児科医や整形外科医は少なくありません。おくるみをつけたままの寝返りや長時間の使用を避けるためにも、赤ちゃんが眠りについたら必ずはずしましょう。

これも知りたい！ おかわりQ

おしゃぶりをくわえたまま寝かせていい？

おしゃぶりでの窒息リスクはゼロではありませんが、おしゃぶりは乳幼児突然死症候群（SIDS）のリスクを低下させる可能性も示唆されており[14]夜泣きのときに落ち着かせるために使うこと自体は問題ありません。ただし、哺乳びんの乳首と哺乳びんの上部をおしゃぶりかわりに使うのは、たとえテープでとめていても乳首がリングから飛び出て窒息するリスクがあるため絶対NG[15]。おしゃぶりを使うようにしましょう。

Q

睡眠・夜泣き

夜泣きに効く薬はありますか？

気になる！

3人が知りたい！

知りたいレベル

★★★★★

A

明確なエビデンスのある薬はありませんが漢方を処方する小児科医もいます

- 漢方の夜泣きへの効果は個人差が大きい
- 何をやっても赤ちゃんが泣きやまないことはある

アメリカでは、たそがれ泣き（コリック）は、おなかにガスがたまることが一因だという観点から、乳酸菌製剤を含むプロバイオティクスがおなかの環境を整えて夜泣き改善に役立つのではという研究がされていますが、現時点では十分な根拠は得られていません〔16〕。

日本でも、明確な医学的根拠のある薬は今のところ見つかっていませんが、中には「抑肝散（よくかんさん）」という漢方を処方する小児科医もいます。効果には個人差があり、飲めば必ず夜泣きに効くともいえませんが、夜泣きがつらいときはかかりつけ医に「夜泣きに効く漢方があると聞いたのですが」と相談するのもひとつの方法です。

夜泣きはママ・パパにとって本当につらいものです。さまざまな夜泣き対策が紹介されていて、いろいろ試してみるのも一案ですが、まじめなママ・パパほど、やり方を追求しすぎて、「なんでこんなにやっているのに寝ないの」と自分を追いつめてしまいがちです。「何をやっても赤ちゃんが泣きやまないことはある」ことを知ってください。詳しくは、41～44ページをご参照ください。

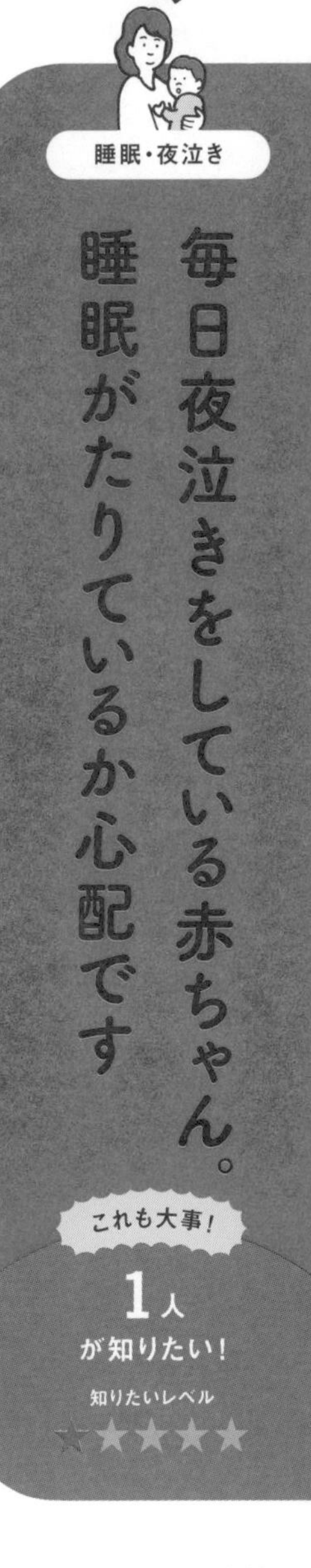

A 眠いときは日中でも寝るので大丈夫。必要な睡眠時間には個人差があります

月齢ごとに必要な睡眠時間を紹介する情報もあり、夜泣きが多いと睡眠がたりていないのではと不安になるかもしれませんが、夜遅くまで明るいところで過ごさないという基本を守れていれば、睡眠時間の不足を心配しなくても大丈夫。赤ちゃんは、眠いときは日中でも寝るのでご安心ください。

そもそも必要な睡眠時間には個人差があり、きょうだいがいるかなどの環境にも左右されやすいものです。睡眠時間に一律の正解はありません。

日中は大きな音がするところに長時間いないなど、赤ちゃんが眠くなったときに眠れる環境を整えていれば、睡眠時間の不足を心配しなくても大丈夫ですよ。

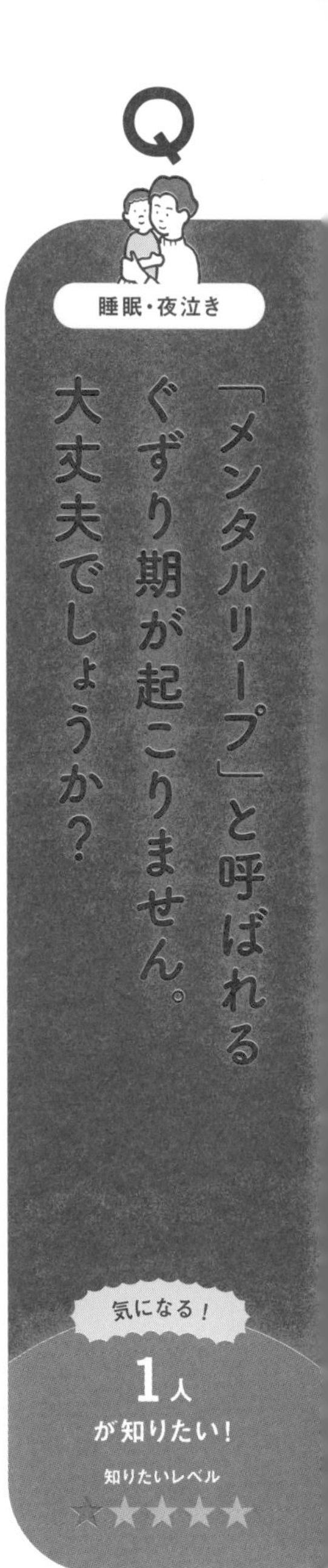

A

「メンタルリープ」は医学的根拠のある情報ではありません

赤ちゃんには「メンタルリープ」という定期的なぐずり期が訪れるという情報がありますが、日本小児科学会も米国小児科学会も、メンタルリープを医学的根拠のある概念として取り上げていません。

そもそもぐずる頻度は赤ちゃんによって個人差が大きく、ぐずらないからすなわち発達上の問題があるというわけではありません。また、夜泣きがないことを気にするママ・パパの声もときおり耳にしますが、夜泣きがなくても問題ないのでご安心ください。

昨今はさまざまな情報があふれ、その取捨選択が難しくなっていますが、宣伝など商業目的の情報もあります。どこが発信している情報なのか、出典は明記されているのかなど、一度立ち止まることをおすすめします。

赤ちゃんの不思議

「どうして?」「なぜ?」と大人が感じる
赤ちゃんのしぐさや行動について解説します。

眠るときに頭をブンブン振るのはなぜ?

**赤ちゃんなりの
入眠儀式の可能性があります**

寝る前に赤ちゃんが頭を左右にブンブン振るのは、珍しいことではありません。はっきりした理由はわかっていませんが、睡眠習慣がまだ定まっていない月齢では、覚醒から入眠に移行するときに中枢神経を落ち着かせるためにリズミカルな動きが必要になるからではないかと考えられています〔17〕。心配しなくても大丈夫ですよ。

寝る前に頭をひどくかきむしります

**これも入眠するために行っていると考えられます。
無理にやめさせなくてOK**

頭をブンブン振るのと同様に、眠るための儀式のひとつだと考えられます。頭皮や耳など、肌がひどく傷ついていないようなら、無理にやめさせなくて大丈夫。頭をブンブンすることも、頭をかきむしることも、成長とともになくなっていくので、安心して見守ってください。

頭のてっぺんのペコペコは、いつ閉じる？

1歳半までに閉じることが多いです

赤ちゃんの頭の骨は何枚かの骨に分かれていて、頭上あたりには「大泉門」と呼ばれる骨のすきまがあります。大泉門は生後10ヵ月の時点では開いていることが多く、1歳時点で閉じているのは約50%〔18〕、多くの場合、1歳半までに閉じるとされています。

寝るときよく腕を上げているのはなぜ？

赤ちゃん期特有の反射で
腕を上げている場合があります

生後間もない赤ちゃんに見られる反射に、「緊張性頸反射」があります。イラストのように、あお向けに寝転んで顔を横に向けると、顔が向いているほうの手足は伸び、反対側の手足は折れ曲がって、まるで弓を引いているような格好になります。そのため、腕が上がっていることが多いのかもしれませんね。この「緊張性頸反射」は、生後5～6ヵ月ごろから消失していきます。また、「万歳して寝ているのはなぜ？」と質問されることもありますが、万歳することが多い理由ははっきりしていません。赤ちゃん独特のかわいらしい姿ですよね。

❓赤ちゃんも夢を見る？

夢を見ている可能性は高いです。

赤ちゃんは生後3ヵ月くらいから昼夜のリズムがつくようになり、生後6ヵ月で睡眠と覚醒の区別が明確になります。睡眠は、眠りの深い「ノンレム睡眠」と、眠りの浅い「レム睡眠」に分かれ、夢を見るのは「レム睡眠」のときです。赤ちゃんのときはこのレム睡眠の時間が長く、2歳にかけて減少し、しだいに成人と同じ2時間ほどになります。赤ちゃんの睡眠については、まだよくわかっていないことが多いですが、赤ちゃんもレム睡眠のときに夢を見ている可能性は高いと考えられます。

❓後頭部の薄毛が気になる……

再び生えるので様子を見ていてOK!

赤ちゃんは寝転んで過ごす時間が大人より長く、寝具との摩擦で後頭部の毛が抜けることがありますが、再び生えてくるので心配ありません。おすわりできるようになって上体を起こす時間が長くなると、自然と気にならなくなるでしょう。また、頭皮に黄色いかさぶたのようなものができる脂漏性湿疹により髪が抜けることもありますが、この場合も様子を見ていてOKです。頭皮の赤みが強くなる・広がる、汁のようなものが出ているときは小児科を受診してください。髪の毛の生え方は個人差が大きいものです。もし2歳を過ぎても薄毛が気になるようなら、小児科でご相談ください。

PART 6

気がかり・クセ

集団生活のことや気になるしぐさなど
診察室では聞きづらいアレコレにもお答えします！

Q

保育園

保育園に通い始めると、カゼをひきやすくなる？

22人
が知りたい！
知りたいレベル
★★★★★

A

しばらくは頻繁に体調をくずしますが必要な免疫をつけるための〝通過儀礼〟です

入園後はカゼなどを繰り返しながら、病原体と戦う力を備えていく

☑
カゼをひく頻度は入園後9ヵ月で落ちつくという海外の研究がある

赤ちゃんは免疫のしくみがまだ整っていないので、保育園での集団生活が始まると、多くの病原体にさらされて、カゼなどの感染症を繰り返します。入園後しばらくは毎週のように熱を出し、登園できないお子さんも少なくありませんが、これは子どもが免疫をつけるための〝通過儀礼〟です。

とはいえ、仕事の予定を調整するママ・パパとしては、入園後どれくらいで落ち着くのか、見通しを知っておきたいものですよね。

目安として参考になるのが、2歳までの1827人の子どもを追跡調査したフィンランドの研究〔1〕です。この研究によると、通園当初はカゼをひく回数が増加し、入園2ヵ月でピークを迎えますが、入園9ヵ月後にはカゼをひく頻度は保育園に通っていない子とほぼ同程度になったとの結果が出ています。

また、アメリカの研究によると、乳幼児のカゼの罹患(りかん)頻度は平均年に5~6回で、成長とともに回数が減り、就学前には年に4回程度になると報告されています〔2〕。そして、保育施設への通園はカゼにかかる頻度を高める一方、就学前にカゼにかかることが多いと就学後はカゼをひく頻度が減る可能性があることもわかっています〔3〕。

入園後しばらくは急な呼び出しや体調不良による休みが重なりますが、何度もカゼを繰り返すうちに子どもの病原体に対して戦う力は上がっていきます。「復職したばかりに……」と自分を責めずに、急な呼び出しが入ったときの役割分担をあらかじめ家族で決めておき、この時期を乗りきりましょう。

［ 保育園入園後の病欠日数平均値の変遷 ］

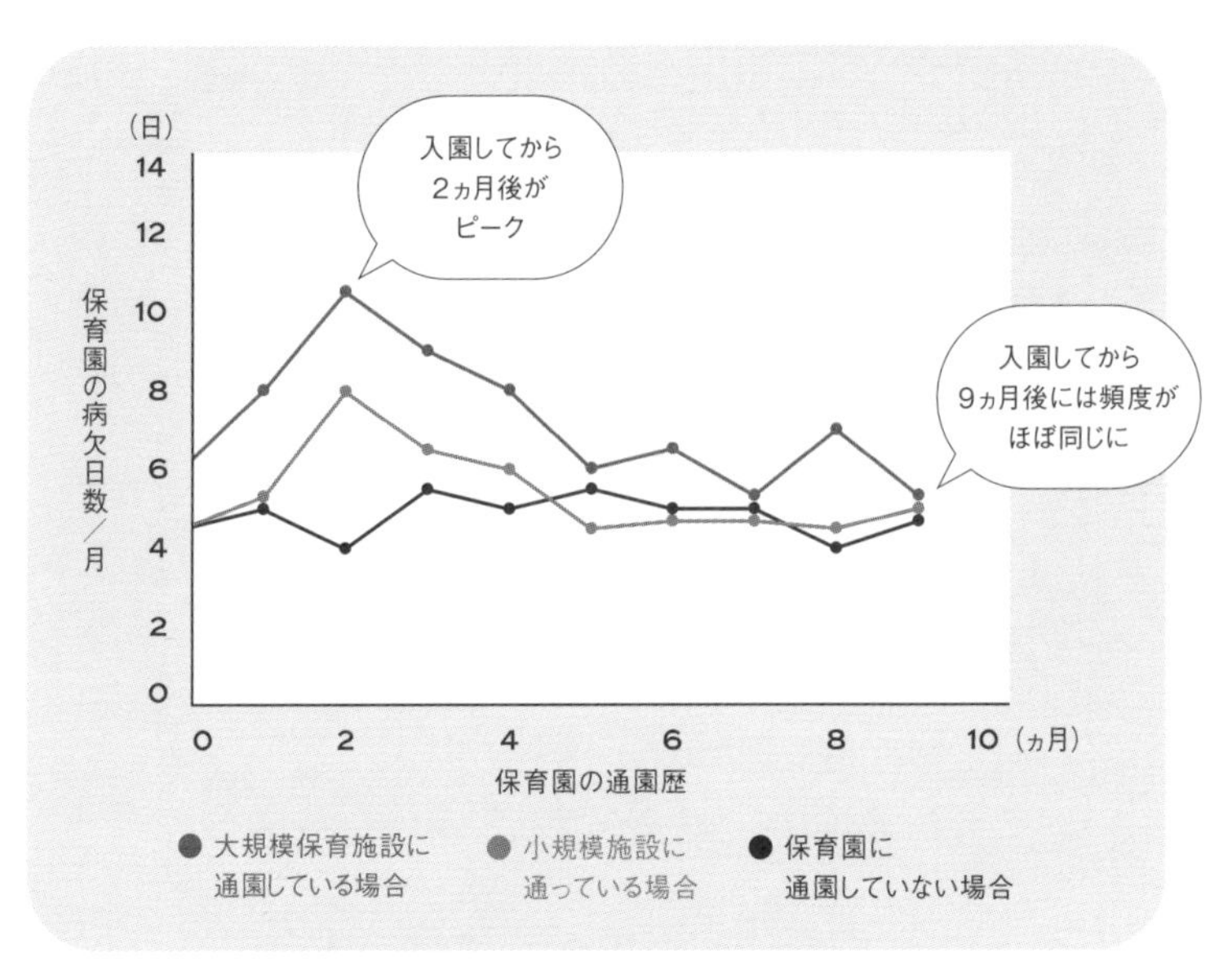

BMJ Open.2017:7(9):e014635.をもとに作成

これも知りたい！ おかわりQ

入園後の生活では、どんなことに気をつけたらいい？

家族だけでなく病児保育など外部サービスも利用してチームで乗りこえていくことが大切です。病児保育は登録など手続きが必要なので、体調をくずす前にあらかじめ準備しておくことをおすすめします。しばらくは予期せぬ赤ちゃんの体調不良などで予定通りにものごとが進まないので、新生活に慣れるまでは家事は二の次に、休むこと、日々を乗りきることを最優先にしましょう。

保育園に通わなくても病気と戦う力は身につく？

幼稚園から集団生活を始めた場合も、入園後にカゼなどの感染症を繰り返すことで、病気と戦う力が上がっていきます。この場合も、しだいにカゼをひく回数は減っていくので安心してください。

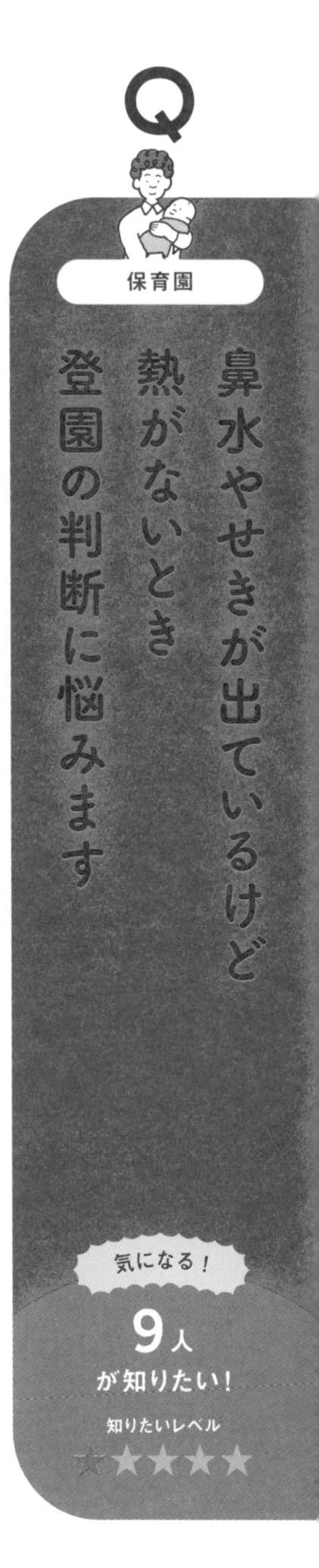

A 程度にもよりますが、発熱しそうなら大事をとるのも一案です

熱がなく鼻水やせきが出ているときの明確な登園基準はありませんが、もし「これはひどくなりそう」「熱が出てきそうだな」と感じるようなら、大事をとって休みをとるのもひとつの方法です。また、前日夜に熱が出ているときは、当日の朝解熱していても日中熱が上がる可能性が高いです。一般的に、37・5度以上の熱があるときは保育園に登園できないので、夜に熱があったら翌日は休むと決めたほうが、結果的に連日呼び出しというストレスを軽減でき、子どもも早く回復するでしょう。

入園直後は判断に悩むこともあるかもしれませんが、悩んだ末に休ませたり登園させたりするうちに、「せきが増えると発熱しやすい」「鼻水だけなら大丈夫」など、わが子のパターンがわかっていきますよ。

Q

保育園

保育園になるべく休まず通うにはどうしたらいいですか?

29人が知りたい!

知りたいレベル ★★★★★

A

月齢に応じて、受けられる予防接種はすべて受けましょう

☑ 感染症から完璧にガードするのは難しい

☑ 予防接種で怖い病気の免疫をつけておくのが◎

保育園や幼稚園などで集団生活が始まると、頻繁に発熱することは珍しくありません。そもそも赤ちゃんのころはカゼなどの呼吸器疾患にかかる頻度が幼児より高く〔2〕、さまざまな病原体と出合いながら病気と戦う力を備えていきます。また、赤ちゃんと一緒に暮らしている大人が気づかない程度のカゼをひいて、それによって赤ちゃんが感染症にかかる場合もあります。感染症から赤ちゃんを完璧にガードするのは、非常に難しいものです。

とはいえ、リスクの高い感染症から赤ちゃんを守るのは大事なことです。家庭でどのような対策をしたらいいのでしょうか。

まず最優先で行いたいのが、受けられる予防接種はすべてすませておくことです。小児用肺炎球菌やヒブ、1歳からはMRワクチンなどの定期接種に加えて、インフルエンザやおたふくかぜなどの任意接種も大切です。受け漏れがないかを確認して、怖い感染症への免疫をつけておきましょう。予防接種はさまざまな病気から子どもを守ってくれます。

次に、かかりつけ医を決めて、いざというときにあわてないように家族で共有しましょう。受診のときに必要な「母子健康手帳・お薬手帳・健康保険証・福祉医療費受給者証（乳幼児医療証）・診察券・現金」などをひとつの袋にまとめておくとさらに安心です。

そして、呼び出しがあったときの役割分担も決めておきましょう。家族で対応できないときのために、ファミリーサポート制度や病児保育などに登録するのも◎。また、ママが復職するときにパパが育休を取るのもおすすめですよ。

Q

保育園

せきやくしゃみなどカゼ症状がある子が登園していてうつらないか不安です……

気になる！
3人が知りたい！
知りたいレベル
★☆☆☆☆

A

集団生活ではやむを得ないことも。予防接種で重症化を防ぎましょう

わが子を思う親としては気になる状況ですよね。病気には、かからないに越したことはありませんが、集団生活ではある程度ウイルスなどの病原体にさらされるのは、やむを得ないものです。

たとえば、夏カゼのひとつ、ヘルパンギーナは、発熱などのカゼ症状がおさまったあとも、6〜8週間は便にウイルスが排出されます。この期間ずっと保育園や幼稚園を休むのは、現実的ではないですよね。そのため、多くの保育園ではヘルパンギーナの登園目安を「解熱後、食事がとれるようになったら」としているのです。

また、同じカゼだと思っていても、治ったころに別の感染症にかかってカゼ症状が続くこともあります。いざ感染症にかかっても重症化しないように、予防接種を受けてリスクを下げておきましょう。

Q

保育園

熱や発疹が出ると「受診して検査を」と園に言われます。たびたび受診するのは気がひけます

気になる！

1人が知りたい！

知りたいレベル ★★★★

A

受診をためらわなくて大丈夫。受診した理由をそのまま医師に伝えましょう

ほかの園児のためにも検査で病名をはっきりさせたいという保育園や幼稚園の心情は理解できますが、検査の必要性は医師が診察して判断します。たとえば、呼吸器感染症のひとつ、RSウイルス感染症は、主な症状が発熱・鼻水・せきと、カゼとほぼ同じで、医師は症状や周囲の流行状況などをもとに診断します。鼻の穴の奥を細い綿棒でぬぐう迅速検査もありますが、保険適用となるのは重症化の恐れがある1歳未満、もしくは入院患者です。また、検査でRSウイルス感染症だとわかったとしても、特効薬はなく、治療方針はカゼと同じです。

とはいえ、保育園や幼稚園から求められると保護者も対応しないわけにはいかないですよね。受診時に医師に「○○の検査をしてほしいと保育園に言われました」と伝えて、判断を仰ぐといいでしょう。

Q

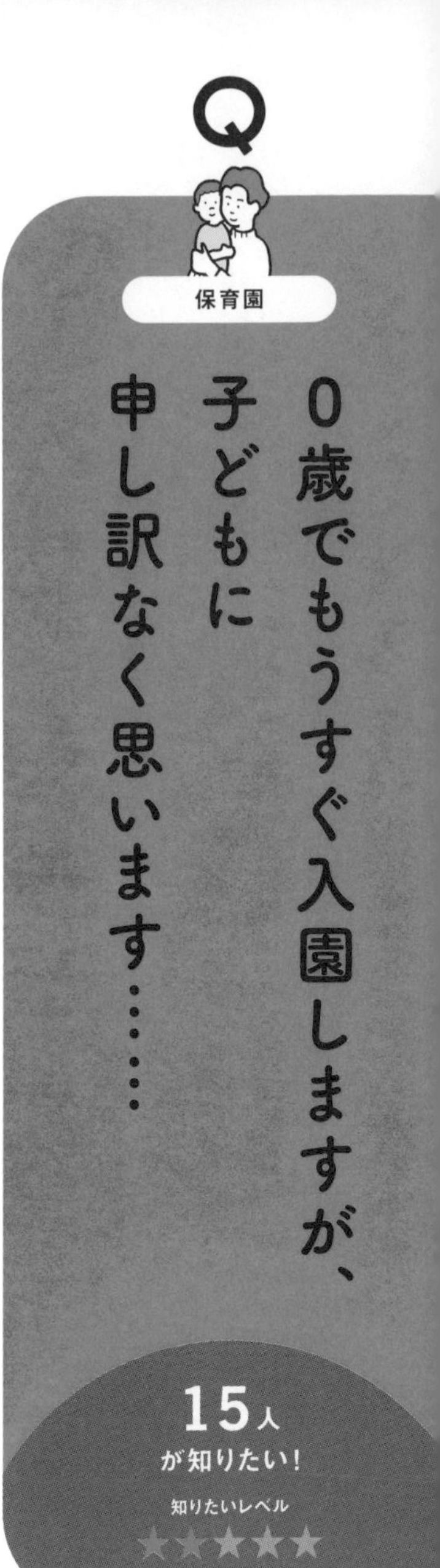

A

「3歳まで家庭で育てるべき」という
〝三歳児神話〟に根拠はありません

- 保育園生活を通じて
  たくさんの刺激を
  得られるというメリットも

- スキンシップ不足を感じたら
  帰宅後15分の
  〝ハグタイム〟がおすすめ

小児科医として感じるのは、赤ちゃんは集団生活の中でのさまざまな大人や子どもとのかかわりを通じて、たくさんの刺激を受けて、成長しているということです。ほかの子どもが遊ぶ姿を目にして新しいことに挑戦することもあり、集団生活のメリットは十分あると考えられます。入園後に話す言葉がぐっと増えるお子さんもいます。

「3歳までは常時家庭で母親の手で育てないと、その後の成長に悪影響を及ぼす」という〝三歳児神話〟については、すでに平成10年の『厚生白書』で「合理的な根拠は認められない」と否定されています。保育園に通うことでママ・パパと離れる時間ができたとしても、保育士など保護者以外の大人から大切にされることは赤ちゃんにとっていい経験になります。赤ちゃんを保育園などに預けながらでも、スキンシップを通じてママ・パパとの信頼感は十分にはぐくめるので、子どもを預けることに罪悪感を覚える必要はありません。

もし「集団生活が始まったら子どもと過ごす時間が少なくなりそう……」と不安に感じるようなら、帰宅後15分間の「ハグする時間」をあらかじめ設定しておくのはいかがでしょうか。何もしないで子どもをハグしてコミュニケーションする、話をする時間をあらかじめタイムスケジュールに入れておくことで、「早く夕飯を作らなきゃ」「お風呂にしなきゃ」と気持ちが焦らず、子どもの安心にもつながります。

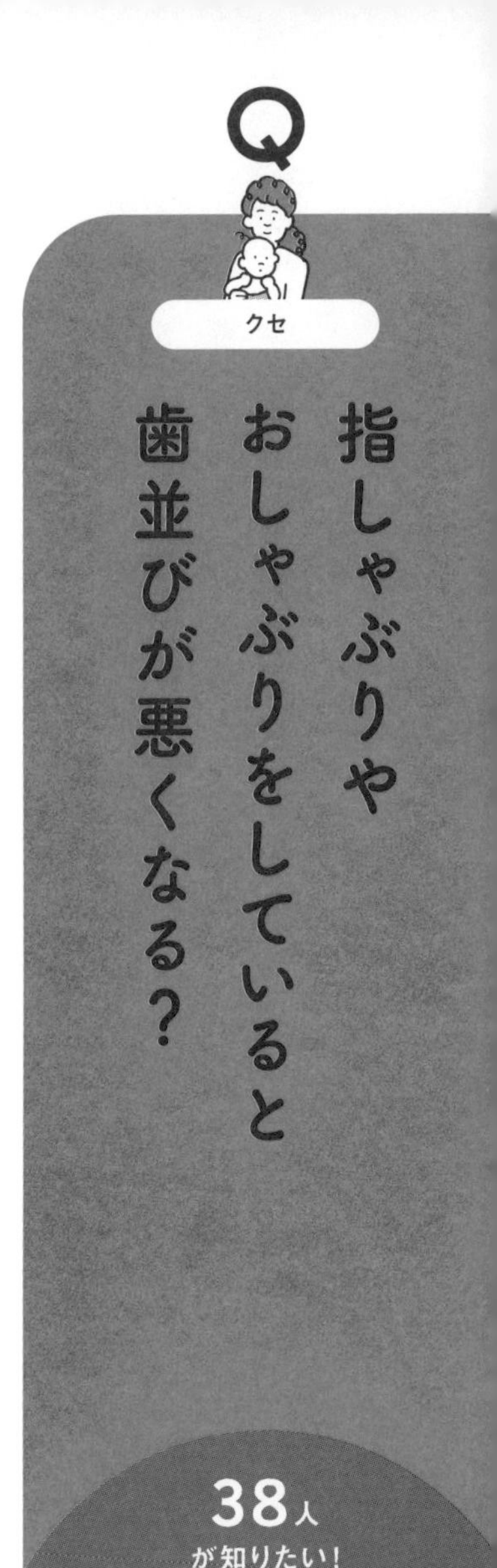

A 歯並びに影響はありますが3歳までは見守っていて大丈夫です

- ☑ 指しゃぶりの頻度は年齢とともに下がる
- ☑ 4～5歳以降も続く場合は小児科・小児歯科などで相談を

赤ちゃんの指しゃぶりは、ママのおなかの中にいる24週目ごろから見られ、生まれてすぐ母乳を飲むための準備だといわれています[4]。指しゃぶりは正常な発達過程で起こりますが、歯並びへの影響が心配になるママ・パパも多いようです。

たしかに、指しゃぶりを長く続けていると、前歯が前に出たり、口を閉じても上下の前歯の間にすきまができたりと、歯並びやかみ合わせへの影響や、口呼吸・舌足らずな発音などにつながる心配もあります。

とはいえ、あわててやめさせようとしなくても大丈夫。指しゃぶりをする割合は、1歳半で30％、3歳で20％、5歳で10％というデータ[5]があり、年齢とともに自然と減っていくことがわかっています。これは、発達にともない、手

	指しゃぶり	おしゃぶり
特徴	発達とともに自然とよくなる	長期化しやすい
メリット	安心感を得られる	安心感を得やすい、泣きやみやすい、入眠がスムーズになりやすい
デメリット	歯並びが悪くなる	歯並びが悪くなる、中耳炎のリスクがある
中止のタイミング	3歳までは見守っていてOK	1歳を過ぎたらホルダーをはずすなど常時使わない工夫を始め、2歳半くらいには使用をやめるのが望ましい
医療者へ相談するタイミング	4～5歳	4歳以降

指を使う行動（積み木や人形抱っこなど）が増えるためです。3歳までは様子を見て、4～5歳になっても続くようなら、小児科や小児歯科などでご相談ください。カウンセリングを通じた心理的アプローチや、歯科矯正器具の使用により、指しゃぶりを効果的に中止できるという報告〔6〕もあります。

一方おしゃぶりも、使用を続けていると歯並びに影響する可能性はあります。おしゃぶりには、「精神的な安定」「泣きやみやすい」「入眠がスムーズで親が助かる」などのメリットがあります〔7〕が、手が自由に使えるために指しゃぶりよりも長期化しやすいという指摘〔4〕があります。おしゃぶりは、1歳を過ぎたら常時使わない工夫を始め、2歳半くらいには使用をやめるようにできるといいですね。

指しゃぶりもおしゃぶりも、「やめようという気持ちをはぐくむこと」がポイントです。無理にやめさせようとするとほかのクセに置きかわることもあります。「また指をしゃぶっているの？」という強い否定の声がけではなく、「この指が大事なんだね」と現状を受け入れる声がけなどでストレスから解放してあげると、少しずつやめようという気持ちにつながります。

これも知りたい！おかわりQ

歯ぎしりは歯並びに影響する？

歯が生える時期に、赤ちゃんが歯ぎしりをすることがあります。ストレスや不安が原因ではなく、歯が生える痛みなどによって起こることが多く、ほとんどは6歳までに自然となくなる[8]といわれています。永久歯が生える前になくなることが多いので、歯並びへの影響は少ないと考えられますが、気になるときは、小児歯科でご相談を。

Q

気がかり

頭の形をきれいにしたいのですが……

47人が知りたい！

知りたいレベル ★★★★★

A

保護者の見守りのもと、起きているときにうつぶせになる「タミータイム」がおすすめ

☑ 「タミータイム」は必ずママ・パパが見ているときに行って

☑ 赤ちゃんが向きやすい方向の反対側から声をかけるのも◎

乳幼児突然死症候群（ＳＩＤＳ）を防ぐためにうつぶせ寝を控えようと啓発した結果、いわゆる〝絶壁頭〟が増えたと考えられています[9]。あお向けで過ごす時間が長い赤ちゃんの後頭部の形が気がかりというママ・パパも少なくないようです。

おすわりするなど頭を起こす時間が長くなったり、髪が伸びたりして、気にならなくなるケースもありますが、心配なときは米国小児科学会が推奨する「タミータイム（Ｔｕｍｍｙ Ｔｉｍｅ／腹ばい活動時間）」をおすすめします[10]。

タミータイムとは、オムツがえや昼寝のあとなどに、保護者の見守りのもと、１日２～３回、１回あたり３～５分、赤ちゃんがイラストのようにうつぶせで過ごすというものです。

そのほか、

・向きぐせと逆側に頭を向けて寝かせる
・赤ちゃんが向きやすい方向の反対側から声をかける

ことも有効です。

頭の形を整える方法としては、ヘルメットを装着して矯正するヘルメット療法という方法があります。ヘルメット療法は、現時点では保険外診療で自己負担となります。矯正効果を得るには生後６ヵ月までに始めることが望ましいとされており[11]、特定の医療機関で治療を受けることができますので、希望する場合は、まずはかかりつけの小児科医にご相談ください。

これも知りたい！ おかわりQ

頭の形を整えるまくらを使ってもいい？

まくらの使用より、タミータイム（上イラスト、右ページで紹介）をおすすめします。寝返りの兆候がないときでも、顔のまわりにものを置くことが窒息リスクになるからです。赤ちゃんは大人の予想以上の速さで成長することがあります。「まだできないはず」という油断が思わぬ事故につながることもあるので、赤ちゃんの顔のまわりにはものを置かないことを習慣にしましょう。

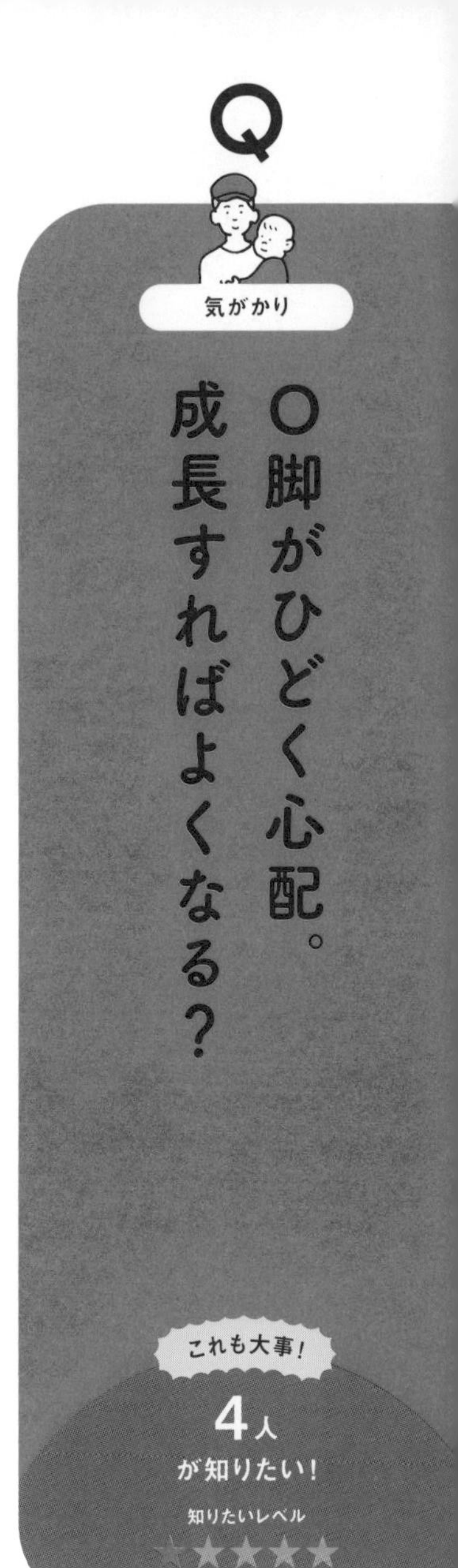

A

赤ちゃんの脚は、O脚が自然です

2歳ごろにはほぼまっすぐになります

- 赤ちゃんの脚は1歳前後で最もO脚になる
- 片側だけO脚、または2歳を過ぎてもO脚のときは受診して

左右の足を閉じてくるぶしを密着させたとき、両ひざがつかずにすきまができることを「O脚」といいます。一方、左右のひざを密着させても両くるぶしがつかずにすきまができることを「X脚」といいます[12]。

O脚とX脚は子どものひざ周囲の変形で最も頻度が高いですが、多くの場合は自然な発育過程で起こる、心配のないものです。

赤ちゃんの脚は、生まれてからひとり歩きを始めるまではO脚が多く、1歳前後でO脚の度合いは最大になり、2歳くらいにはほぼまっすぐになります[13]。

その後、2歳過ぎからはX脚が目立つようになり、3〜4歳でX脚の度合いは最大となりますが、徐々にまっすぐになり、7歳ごろには大人と同じようになっていきます。

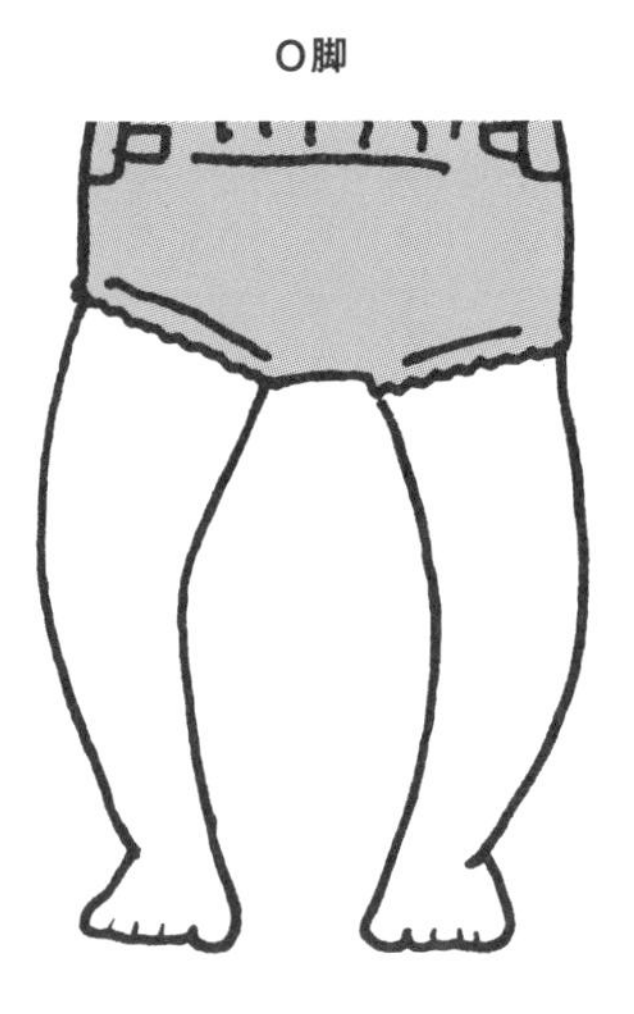

中には先天的な骨の病気や、ビタミンD不足で骨が変形する「くる病」がまぎれている場合もあります。O脚やX脚により痛みや運動障害が起こることはまれですが、歩き方や見た目などが気になるときは、まず小児科で相談しましょう。また、

・2歳を過ぎてもO脚が改善しない

・片方のO脚は改善したのに反対側はO脚が進んでいる

・1歳代でX脚が見られる

・片側のみX脚である

ときも、かかりつけの小児科、または形成外科を受診してください[14]。

これも知りたい！
おかわりQ

早くからひとり歩きを始めるとO脚になりやすいってホント？

そのような医学的根拠はありません。ひとり歩きの時期が早くても、心配することはありませんよ。

べたずわり、いわゆる“お姉さんずわり”をよくしていて心配……。

結論からいうと、脚への悪影響はほぼないと考えられます。複数の研究が行われていますが、べたずわりをしていても、関節部分が変形して股関節がかみ合わなくなる股関節形成不全という病気のリスクを高める根拠はないと報告されています[14]。また、べたずわりをしていると体幹の発達が損なわれるという根拠もありません。「それまで歩けていたのに歩けなくなった、突然歩き方が変わった、3歳を過ぎてつま先で歩いている、片側でできることがもう片側ではできない」ときは小児科、または形成外科を受診してください。

気がかり

横抱きを嫌がってそり返ります。ネットには発達障害の兆候とあり不安です……

15人が知りたい！

知りたいレベル ★★★

A そり返りが強い＝発達障害というわけではありません

発達障害は、発語の遅れや周囲とのかかわりに違和感がある、遊び方に強いこだわりがあるなどの様子から受診につながるケースが多いです。生後数ヵ月で判断できるものではなく、そり返りが強ければ、すなわち発達障害というわけではありません。また、赤ちゃんのキーキーという声を心配するママ・パパの声も耳にしますが、これもそれほど珍しいことではありません。ほかに気になることがなければ、様子を見ていていいでしょう。

もしそり返りや声に加えて、筋肉の緊張が強すぎる、光や音に過敏、体重が増えないなど気になるときは、ネットの情報だけを頼りにせず、乳幼児健診で保健師に話したり、受診時にかかりつけ医に相談したりしてみましょう。

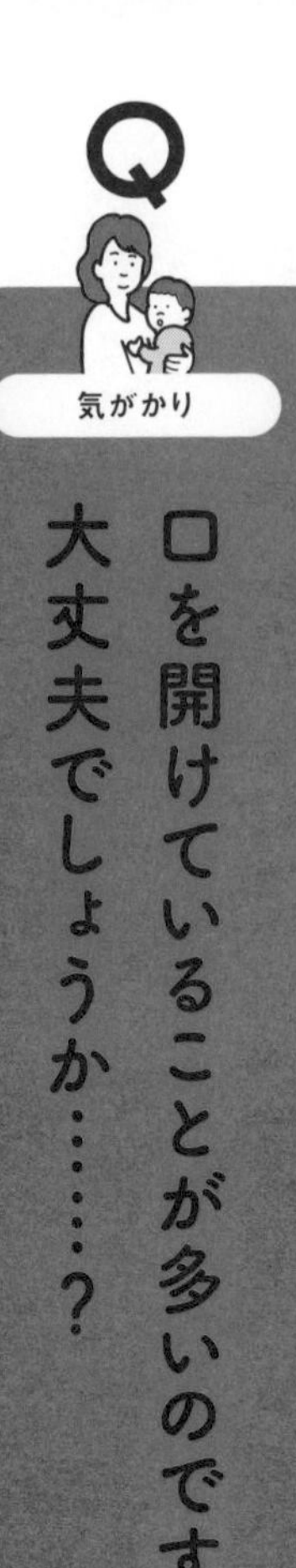

口を開けていることが多いのですが、大丈夫でしょうか……？

A 数ヵ月続いて気になるときは耳鼻科や小児歯科で相談しましょう

口呼吸は1～4歳の11～56％に存在するとされます。年齢とともに自然に消えることがありますが、習慣が残ると歯やあごの発達への影響、口腔衛生の悪化や虫歯の増加との関連が指摘されています〔15〕。

また、睡眠時無呼吸をはじめとする睡眠障害との関連も指摘されています。睡眠は発育や発達と大きく関連しており、口呼吸は小児の発育や発達全般に影響を及ぼすことが指摘されています〔16〕。したがって最近では口呼吸に対して以前よりも積極的な治療介入が望ましいと考えられています。口呼吸の原因は、慢性副鼻腔炎やアレルギー性鼻炎などによる慢性的な鼻詰まりや、扁桃腺の肥大（2歳ごろから大きくなりはじめ、6～7歳で最も大きくなります）によるものが多く、これらに対する治療を進めていくことが重要です〔15〕。

Q

体重

赤ちゃんのころに太っていると将来肥満になりやすい?

23人が知りたい!
知りたいレベル ★★★★★

A

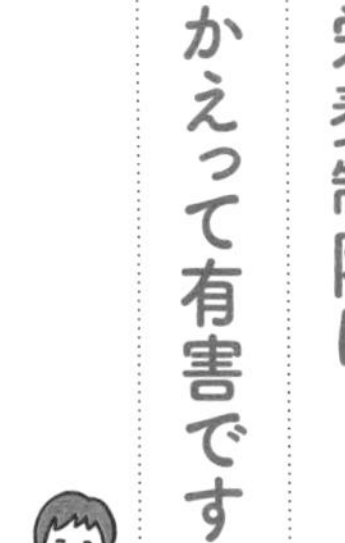

赤ちゃんの「ぽっちゃり」は心配なし!栄養制限はかえって有害です

小学校低学年(学童前期)における肥満の40%、思春期の肥満の70~80%が、大人の肥満につながるというデータ[17]はありますが、赤ちゃん特有のふくよかさを心配する必要はありません。母子健康手帳に記載されている成長曲線の枠内に入っているようなら、平均体重より重くても大丈夫。はいはい、伝い歩き、ひとり歩きと成長するうちに活動量が増え、自然と引きしまった見た目になっていきます。

むしろ肥満への不安から授乳や離乳食を制限すると、栄養不足から脳の発達に影響することも考えられます。0~1歳代は赤ちゃんがほしがるだけおっぱいやミルク・離乳食をあげましょう。成長曲線からはずれて増えていて心配なときや、逆に順調だった体重・身長の伸びが悪くなったときは、一度小児科や保健センターで相談してください。

Q

視力

出先でぐずるとスマホに頼ることが。視力への影響が心配です……

20人が知りたい!

知りたいレベル ★★★

A なるべく見せっぱなしは避けましょう

☑ 親子で一緒に楽しんで使うのが◎

☑ 連続視聴はなるべく避け、短時間の利用にとどめて

赤ちゃんの健やかな心身の発達には、周囲の大人とコミュニケーションを積み重ねることや、外に出てさまざまな環境に触れることが大切です。スマホや動画を長時間見せっぱなしにしていると、こうした機会を逃すというリスクはたしかにあります。

視力については、学童期の子どもの近視の割合は、コロナ禍で急速に増えたことも報告され、その要因として、子どもが屋外で過ごす時間が減り、スマートフォンなどメディアを視聴する時間が増えたためではとも指摘されています[18]。乳幼児のスマホ視聴と視力に関するデータは見当たりませんが、学童期ほど長時間スマホを視聴しないため影響は少ないと思われます。

電車やバスに乗っているときや外食中など、「このひとときだけは静かにしていてほしい」という場面はあるものですよね。ママ・パパがつらい状況になるのを避けるために、一時的にスマホの力を借りることは許容されると考えます。◯分までOKという具体的な目安はありませんが、オランダの10代の子どもを対象にした研究で、20分間のスマホ画面の連続視聴で近視との関連を指摘しているものがあります[19]。したがって、こまめに目を休ませることを心がけることは大切です。メディアを主役にせず、ママ・パパと赤ちゃんが一緒に楽しむツールとして、なるべくコミュニケーションをとりながら活用できるといいですね。

幼児向けテレビ番組が始まったのは、今から60年ほど前だそうです。もしかしたらテレビが登場したばかりのときにも、こうした話題が出ていたかもしれませんね。

Q

あざ

青いあざが気になっています。そのうち消えますか？

20人が知りたい！

知りたいレベル ★★★★★

A

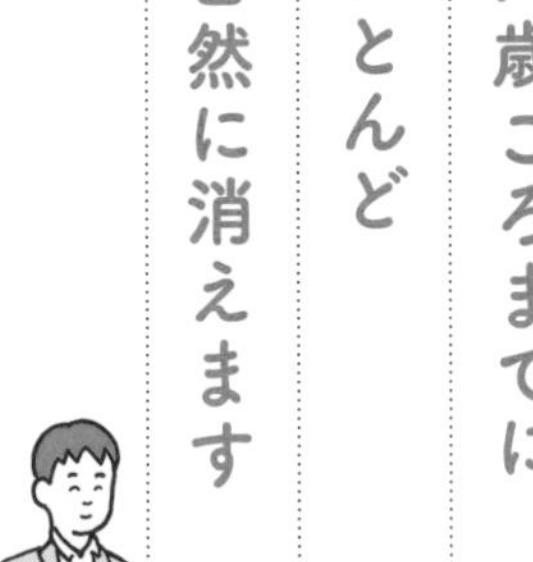

場所によっては10歳ごろまでにほとんど自然に消えます

おしりから背中にかけてできる青あざを「蒙古斑」といいます。蒙古斑は、おしりや腰など、からだの中心に近いところほど早く消えやすく、一般的に10歳前後までにはほとんどが自然に消失します。

あざは個人差が大きく、あざの色や大きさ、できる場所によっては、レーザー治療や入院して内服薬で治療することもあります。気になるときは、小児科や皮膚科でご相談ください。乳児健診で保健師や医師に聞いてみてもいいですね。乳児健診はママ・パパの不安や疑問を解消する場ですから、ぜひ活用してください。

これも知りたい！ おかわりQ

妊娠中の何かが影響してあざができたの？

基本的にあざは母親の妊娠経過とは関係ありません。妊娠中の生活を気にする必要はありませんよ。

聴力

赤ちゃんの耳の聞こえはどう確かめたらいいですか？

これも大事！
3人が知りたい！
知りたいレベル ★★★★

A

赤ちゃんの後ろから名前を呼んだり、声をかけたりして、反応を見て

動きが止まる、振り返るなどの反応をする場合は、聞こえていると考えられます。気になるときは、まずは小児科や乳児健診で相談しましょう。耳鼻科で相談することもできます。

「出産後に新生児聴覚スクリーニング検査を受けたから大丈夫」と思うママ・パパもいるかもしれませんね。たしかにこの検査をパスしていると、先天的な難聴の可能性はかなり低くなります。しかし、検査後にかかった病気により、耳の聞こえが悪くなることもあります。

子どもの難聴を引き起こす最大の原因は「滲出性中耳炎（しんしゅつせいちゅうじえん）」です。また、おたふくかぜの合併症でも、1000人に1人が難聴になっています。予防には、滲出性中耳炎の原因となる急性中耳炎を長引かせないこと、1歳から接種可能なおたふくかぜの予防接種を受けることが大切です。

Q

旅行

赤ちゃんも乗り物酔いしますか？

2人が知りたい！

知りたいレベル ★★★★

A

1歳未満で乗り物酔いが起こるのはまれです

- 乗り物酔いのいちばんの予防策は「寝てしまうこと」
- 市販の酔い止め薬の使用は、小学生以上がおすすめ

一般的に、乗り物酔いが起こりやすいのは4〜13歳で、6〜9歳でよく起こるという報告があり、思春期以降減ることがわかっています[20]。

赤ちゃんが乗り物酔いをすることはまれです。自分で症状をうまく説明できない時期の乗り物酔いの症状としては、青ざめて落ち着きがなくなる、あくびをする、泣くなどがあります[21]。

乗り物酔いの原因ははっきりしていませんが、からだが覚えている空間認知のパターンと実際に目に入る視覚情報との間にズレが生じたときに起こるという説が有力[22]です。

赤ちゃんは脳の空間把握のシステムが未熟で、空間認知のパターンを学習中のため、ズレが起こりにくいと考えられます。

成長して乗り物酔いをするようになった場合、いちばんの予防策は「寝てしまうこと」です。眠ると脳の空間把握の機能が休止し、また視覚とのズレも起こらず、乗り物酔いが起こりにくくなるからです。移動前にたくさん遊ばせる、お昼寝の時間帯に移動するなどして、調整していけるといいですね。

市販の酔い止め薬は、小児ではけいれんを起こすリスクがある成分が含まれていることもあり、使用は熱性けいれんのリスクが低くなる小学生以上からがおすすめです。

これも知りたい！
おかわりQ

赤ちゃんと飛行機に乗るとき気をつけることは？

上昇時と下降時に機内の気圧が変化すると、耳の痛みや耳が詰まったような症状が出ることがあります。これは乳幼児が機内で泣く原因のひとつで、上昇時には6%、下降時には10%の子どもが耳の痛みを訴えるという報告[23]もあります。対処方法は飲み物を飲ませることで、離着陸時に授乳できるように、あらかじめ準備しておきましょう。

Q

病院とのかかわり

通っている小児科の先生が接しづらい。かかりつけの病院を変えてもいい？

気になる！

2人が知りたい！

知りたいレベル ★★★★

A

もちろんOK。何度か通って医師との相性で判断しましょう

保護者の不安を取り除くことも、かかりつけ医の大切な役割のひとつです。薬の処方や治療方法など、気になることを聞きづらい、質問にきちんと答えてくれないと感じるようなら、クリニックの変更を考えてもいいですね。新しい患者さんから「いいクリニックを探して、ここにきました」と言われてうれしくない医師はいません。

とはいえ、同時期に同症状で複数の病院を受診するのはおすすめしません。たとえば発熱してA病院を受診。2日後にB病院に行き、その翌日に解熱したとします。B病院の治療の成果に見えるかもしれませんが、解熱は自然な経過で、A病院を再受診しても同じ結果になっていた可能性が高いです。治った・治らないだけでなく、何度か通って納得できるコミュニケーションがとれるかで判断するのをおすすめします。

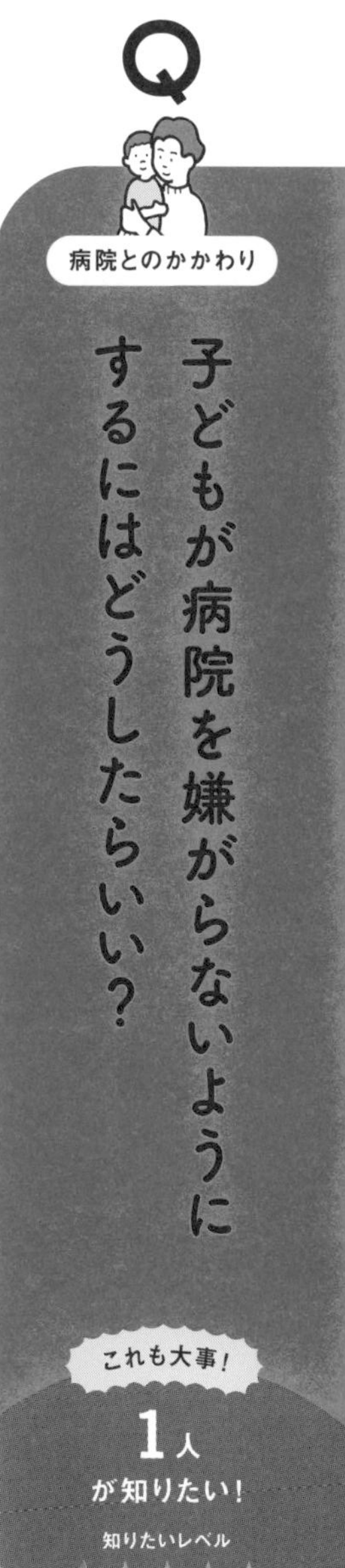

A

ウソをついて受診するのは避けて。注射後はたくさんほめてあげましょう

病院受診を嫌がるお子さんもいるかもしれません。でも、予防接種なのに「注射はしないよ」とか、「痛くないよ」などとウソを伝えるのは避けてほしいのです。注射は痛いものですよね。ですから、「痛いけど大事なものなんだよ」「〇日になったら注射するよ」と事前に時間をかけて説明してほしいのです。そうすることで子ども自身も予測を立てられます。大人だって、いきなり当日に「今から手術する」なんて言われたらびっくりしますよね。心構えには時間が必要です。

そして注射のあとは、「大事な注射をよく頑張ったね」ととにかくほめまくってください。また、「悪いことしたら注射してもらうよ」というのは、私たちも悲しくなるので言わないでくださいね。注射は罰ゲームではありませんので（涙）。

Q

病院とのかかわり

小児科の先生といい関係を築くためにはどうしたらいいですか？

21人が知りたい！

知りたいレベル ★★★★★

A

心配なこと、不安なことがあればどんなことでも聞いてください

- 子どもの症状に合わせて、平日日中の早い時間の受診がおすすめ
- 処方した薬は自己判断で飲むのをやめず、疑問があれば相談して

症状を正確に言葉で伝えられない子どもを診察し、ママ・パパへの問診と合わせて、正確な診断と治療につなげるのが小児科医の役割です。小児科には、0歳から15歳前後になるまでかかる方が多いです。心配なこと、不安なことがあれば、どんなことでも聞いてください。疑問があればそれをのみこまず、正直にお話しいただくことで、私たちも期待にこたえられると思います。

ママ・パパへお願いしたいことは、受診のタイミングについてです。仕事などの都合もあると思いますが、できるだけお子さんの症状に合わせて受診していただけるとありがたいです。夕方の受診は検査が不十分になることもあり、できれば平日日中の早い時間での受診をおすすめします。

普段お子さんと過ごされていない方が付き添いで受診される場合には、なるべく細かい状況がわかるようなメモの準備をお願いします。

そして、処方された薬は自己判断で中断せず、疑問に思った際は早めにお伝えください。長期間たったあとで「じつは内服していなかった」と知ると、私たちもガッカリしてしまいます。

小児科医として、診療のたびにお子さんの成長を見られるのは特別にうれしいものです。また、ママ・パパやお子さんといい関係が築けると、普段のなにげない「気になること」の相談を受けて、それが診察につながることもあります。今受診の必要がなくても予防接種や乳児健診などの機会に、相性のいいクリニックを見つけてくださいね。

気がかりアレコレ Q&A

Q はいはいを始める前につかまり立ちをすると発達によくないってホントですか？

A 　はいはい、つかまり立ちの順番に正解はありません。「はいはいが不十分だと体幹が育たない」という言説に医学的な根拠はなく、もしつかまり立ちから始めたとしても、それによって体幹の成長に悪影響が及ぶ傾向はありません。はいはいの期間が短くてつかまり立ちを始めても、心配ありませんよ。

Q 赤ちゃんの舌の一部が白くなっているのですが……？

A 　赤ちゃんにときどき起こる口の中の病気に、「口腔カンジダ症」があります。カンジダというカビに感染したことで起こり、舌やほっぺの内側に白いミルクかすのようなものがべったり付着します。自然に消えることもありますが、白い部分が広がるとき、心配なときは小児科を受診して。抗真菌薬を塗って治療します。

Q 哺乳びんの消毒は、いつまで必要？

A 　基本的に、生後2ヵ月以降は食器と同じ洗い方でOKです〔24〕。ただし、早産児や免疫が低下する病気の赤ちゃんは、生後2ヵ月以降も引き続き消毒するのが望ましい場合があるので、当てはまるときはかかりつけ医に確認してください。

〔14〕 Vik T, Grote V, et al. Infantile colic, prolonged crying and maternal postnatal depression. Acta Paediatr. 2009;98(8):1344-8.
〔15〕 竹井寛和,伊藤崇晃,ほか:小児救急室を受診したヘアターニケット症候群の8例. 日本小児科学会雑誌. 2019;123(8):1243-7.
〔16〕 American Academy of Pediatrics website. Responding To Your Baby's Cries

PART 2

〔1〕 厚生労働省「一般用医薬品のかぜ薬(内用)、鎮咳去痰薬(内用)及び鼻炎用内服薬のうち、小児の用法を有する製剤の販売に係る留意点について(周知依頼)」
〔2〕 Hussain M,Asim M,et al. Assessment of clinical efficacy of cooling gel patch. Pakistan Armed Forces Medical Journal.2021;71(1):328-32.
〔3〕 Saketkhoo K, Januszkiewicz A, et al. Effects of drinking hot water, cold water, and chicken soup on nasal mucus velocity and nasal airflow resistance.Chest.1978;74(4):408-10.
〔4〕 American Academy of Pediatrics website. How To Care For Your Child's Cold
〔5〕 Abuelgasim H, Albury C,et al. Effectiveness of honey for symptomatic relief in upper respiratory tract infections: a systematic review and meta-analysis. BMJ Evid Based Med. 2021;26(2):57-64.
〔6〕 Rosenbloom E, Finkelstein Y, et al. Do antipyretics prevent the recurrence of febrile seizures in children? A systematic review of randomized controlled trials and meta-analysis. Eur J Paediatr Neurol. 2013;17(6):585-8.
〔7〕 日本小児神経学会. 熱性けいれん(熱性発作)診療ガイドライン, 2023
〔8〕 一般社団法人日本小児神経学会ホームページ「小児神経Q&A」
〔9〕 Dr.いはらの小児身体診察(YouTube)「全力で嫌がる子どもに目薬をさす裏技」

PART 3

〔1〕 Jones LL, Hassanien A,et al. Parental smoking and the risk of middle ear disease in children: a systematic review and meta-analysis. Arch Pediatr Adolesc Med. 2012 Jan;166(1):18-27.

PART 1

〔1〕 厚生労働科学研究班による「食物アレルギーの栄養食事指導の手引き2017」※年齢群ごとに5%以上を占める新規発症例
〔2〕 日本小児皮膚科学会「保育所・幼稚園での集団生活における紫外線対策に関する日本臨床皮膚科医会・日本小児皮膚科学会の統一見解」
〔3〕 佐々木りか子:新生児・小児の皮膚の特徴. 最新皮膚科学体系 特別巻1 新生児・小児・高齢者の皮膚疾患. 2004; p2-6,中山書店
〔4〕 Horimukai.K, et al.Application of moisturizer to neonates prevents development of atopic dermatitis. The Journal of Allergy and Clinical Immunology.2014;134(4):824-830.
〔5〕 堀向健太、青鹿ユウ『マンガでわかる! 子どものアトピー性皮膚炎のケア』(内外出版社)
〔6〕 奥村彰久:イオン飲料水の多飲によるビタミンB1欠乏症. ビタミン.2019;93 (7): 283-290.
〔7〕 Thompson M, Vodicka TA, et al. Duration of symptoms of respiratory tract infections in children: systematic review. BMJ. 2013;347:f7027.
〔8〕 Castillejo G, Bulló M,et al. A controlled, randomized, double-blind trial to evaluate the effect of a supplement of cocoa husk that is rich in dietary fiber on colonic transit in constipated pediatric patients. Pediatrics.2006;118(3):e641-8.
〔9〕 日本小児栄養消化器肝臓学会,日本小児消化管機能研究会(編):小児慢性機能性便秘症診療ガイドライン.2013;診断と治療社
〔10〕 King D, Mitchell B, et al. Saline nasal irrigation for acute upper respiratory tract infections. Cochrane Database Syst Rev. 2015;2015(4):CD006821.
〔11〕 Pizzulli A, Perna S, Bennewiz A, et al. The impact of nasal aspiration with an automatic device on upper and lower respiratory symptoms in wheezing children: a pilot case-control study. Ital J Pediatr. 2018;44(1):68.
〔12〕 Wolke D, Bilgin A,et al. Systematic Review and Meta-Analysis: Fussing and Crying Durations and Prevalence of Colic in Infants. J Pediatr.2017;185:55-61.e4.
〔13〕 Reijneveld SA, van der Wal MF,et al. Infant crying and abuse. Lancet. 2004;364(9442):1340-2.

PART 4

〔1〕 大久保優子ほか:おむつ皮膚炎(解説). 小児内科. 2016; 48(4):473-477.
〔2〕 日本皮膚科学会「アトピー性皮膚炎診療ガイドライン2021」
〔3〕 日本皮膚科学会ホームページ「皮膚科Q&A」
〔4〕 十河剛:補完食の時期の下痢と便秘. 外来小児科. 2021; 24(2):139-44.
〔5〕 Kayaba H, Tamura H, et al. Analysis of shape and retractability of the prepuce in 603 Japanese boys. J Uroi. 1996; 156(5):1813-5.
〔6〕 Moreno G, Corbalán J, et al. Topical corticosteroids for treating phimosis in boys. Cochrane Database Syst Rev. 2014; 2;(9):CD008973.
〔7〕 日本小児内分泌学会ウェブサイト「お子様の病気が気になる方、患者さんおよび保護者の方へ(ビタミンD欠乏性くる病)」
〔8〕 冨本和彦:北日本の一地域における母乳栄養児のビタミンD充足状態評価. 日本小児科学会雑誌. 2018; 122:1563-71
〔9〕 厚生労働省「授乳・離乳の支援ガイド」(2019年改定版)
〔10〕 American Academy of Pediatrics website. AAP Recommends No Fruit Juice for Children Under 1 Year

PART 5

〔1〕 American Academy of Pediatrics website. Clogged Milk Ducts
〔2〕 CDC(米国疾病予防管理センター): Maternal Diet
〔3〕 齊藤博大, 泉維昌, ほか.フォローアップミルクにより高カルシウム血症、腎石灰化症を呈したDown症候群の幼児. 日本小児栄養消化器肝臓学会雑誌. 2016;30(1):14-19.
〔4〕 Kramer MS, Kakuma R. Maternal dietary antigen avoidance during pregnancy or lactation, or both, for preventing or treating atopic disease in the child. Evid Based Child Health. 2014;9(2):447-83.
〔5〕 厚生労働省「授乳・離乳の支援ガイド」(2019年改定版)
〔6〕 Miyaji Y, Yang L, et al. Earlier aggressive treatment to shorten the duration of eczema in infants resulted in fewer food allergies at 2 years of age. J Allergy Clin Immunol Pract. 2020;8(5):1721-4.e6.
〔7〕 海老澤元宏(監修). 小児食物アレルギーQ&A. 2016. 日本医事新報社
〔2〕 Ferrante G, Simoni M, et al. Third-hand smoke exposure and health hazards in children. Monaldi Arch Chest Dis. 2013;79(1):38-43.
〔3〕 Ishimaru T, Mine Y, Odgerel CO,et al. Prospective cohort study of bedroom heating and risk of common cold in children. Pediatr Int. 2022;64(1):e14755.
〔4〕 日本小児科学会「知っておきたいわくちん情報No.03」
〔5〕 日本小児科学会の予防接種の同時接種に対する考え方(2020年11月24日改訂)
〔6〕 菅秀. ワクチンによる細菌性髄膜炎の制御と課題. NEUROINFECTION. 2022;27(1):28
〔7〕 国土交通省ウェブサイト:https://www.mlit.go.jp/common/001118302.pdf
〔8〕 Lei J, Ploner A, et al. HPV Vaccination and the Risk of Invasive Cervical Cancer. N Engl J Med 2020; 383(14):1340-1348.
〔9〕 国立がん研究センターがん情報サービス「それぞれのがんの解説(中咽頭がん)」
〔10〕 植松 悟子:子どもの熱中症. 東京小児科医会報. 2019;38(1): 4-10.
〔11〕 JAFユーザーテスト「真夏の車内温度」
〔12〕 SAFE KIDS WORLDWIDE website. Heatstroke
〔13〕 吉田靖彦,大津一弘,ほか. 胃・消化管異物の診断と治療ー当科における小児消化管固形異物271例の検討ー.小児外科. 2005; 37:885-91.
〔14〕 Uyemura MC. Foreign body ingestion in children. Am Fam Physician. 2005;72:287-91.
〔15〕 種市尋宙:子どもの発達と事故予防.ウェブ版国民生活.2020; 94:1-3.
〔16〕 消費者庁平成29年3月15日ニュースリリース
〔17〕 日本小児科学会.Injury Alert No.4 浴槽用浮き輪による溺水
〔18〕 東京消防庁防災部防災安全課「救急搬送データから見る 日常生活事故の実態(令和3年)」
〔19〕 Lee WT,et al. A randomized double-blind controlled calcium supplementation trial, and bone height acquisition in children. British Journal of Nutrition.1995;74(1):125-139.
〔20〕 厚生労働省「日本人の食事摂取基準(2020年版)」
〔21〕 American Academy of Pediatrics website. Baby Carriers: Backpacks, Front Packs, and Slings
〔22〕 Harris VA, Rochette LM,et al. Pediatric injuries attributable to falls from windows in the United States in 1990-2008. Pediatrics.2011;128(3):455-62.
〔23〕 環境省.紫外線環境保健マニュアル2015

〔8〕 American Academy of Pediatrics website. Teeth Grinding in Children
〔9〕 Robinson S, Proctor M. Diagnosis and management of deformational plagiocephaly. Journal of Neurosurgery Pediatr. 2009; 3(4):284-95.
〔10〕 American Academy of Pediatrics website. Back to Sleep, Tummy to Play
〔11〕 Freudlsperger C, Steinmacher S, et al. Impact of severity and therapy onset on helmet therapy in positional plagiocephaly. J Craniomaxillofac Surg. 2016;44(2):110-5.
〔12〕 坂本優子,落合達宏.O脚・X脚.小児内科. 2022; 54(suppl):620-623.
〔13〕 二見徹.O脚・X脚.小児内科. 2019;51(10):1596-1600.
〔14〕 Rethlefsen SA, Mueske NM, et al. Hip Dysplasia Is Not More Common in W-Sitters. Clin Pediatr (Phila). 2020;59(12):1074-9.
〔15〕 Lin L, Zhao T, et al. The impact of mouth breathing on dentofacial development: A concise review. Front Public Health. 2022;10:929165.
〔16〕 山田洋輔, 長谷川久弥. 鼻呼吸障害および口呼吸の治療　小児科医の立場から. JOHNS. 2014;30(4):447-51.
〔17〕 日本小児内分泌学会ホームページ「肥満」
〔18〕 Wang J, Li Y, et al. Progression of Myopia in School-Aged Children After COVID-19 Home Confinement. JAMA Ophthalmol. 2021;139(3):293-300.
〔19〕 Enthoven CA, Polling JR, et al. Smartphone Use Associated with Refractive Error in Teenagers: The Myopia App Study. Ophthalmology. 2021;128(12):1681-1688.
〔20〕 Huppert D, Grill E, et al. Survey of motion sickness susceptibility in children and adolescents aged 3 months to 18 years. J Neurol. 2019;266(Suppl 1):65-73.
〔21〕 American Academy of Pediatrics website. Car Sickness
〔22〕 宇野敦彦:乗り物酔い.小児科臨床. 2019;72:1295-1297.
〔23〕 Keystone JS(ed).Travel Medicine third edition,2013
〔24〕 CDC(米国疾病予防管理センター):How to Clean, Sanitize, and Store Infant Feeding Items
〔8〕 日本小児アレルギー学会「血中食物抗原特異的IgG抗体検査に関する注意喚起」、日本アレルギー学会「〔学会見解〕血中食物抗原特異的IgG抗体検査に関する注意喚起」
〔9〕 厚生労働省SIDS研究班:乳幼児突然死症候群(SIDS)診断ガイドライン(第2版)
〔10〕 Pediatric Patient Education 有料版
〔11〕 Pease AS, Fleming PJ, et al. Swaddling and the Risk of Sudden Infant Death Syndrome: A Meta-analysis. Pediatrics. 2016;137(6). e20153275.
〔12〕 Moon RY, Carlin RF, Hand I, et al. Sleep-Related Infant Deaths: Updated 2022 Recommendations for Reducing Infant Deaths in the Sleep Environment. Pediatrics. 2022;150(1) :e2022057990.
〔13〕 van Sleuwen BE, Engelberts AC, et al. Swaddling: a systematic review. Pediatrics. 2007;120(4):e1097-106.
〔14〕 Hauck FR, Omojokun OO, et al. Do pacifiers reduce the risk of sudden infant death syndrome? A meta-analysis. Pediatrics. 2005;116(5):e716-23.
〔15〕 American Academy of Pediatrics website. Pacifier Safety
〔16〕 Teck G O, Morris G,et al. Probiotics to prevent infantile colic. Cochrane Database Syst Rev. 2019;3(3):CD012473.
〔17〕 American Academy of Pediatrics website. Common Childhood Habits
〔18〕 児玉和彦.10～12か月健診のポイント. 治療. 2017;99(2).

PART 6

〔1〕 Schuez-Havupalo L, Toivonen L, et al. Daycare attendance and respiratory tract infections: a prospective birth cohort study. BMJ Open.2017;7(9):e014635.
〔2〕 Heikkinen T, Järvinen A. The common cold. Lancet. 2003; 361(9351):51-9.
〔3〕 Côté SM, Petitclerc A, et al. Short- and long-term risk of infections as a function of group child care attendance: an 8-year population-based study. Arch Pediatr Adolesc Med. 2010;164(12):1132-7.
〔4〕 小児科と小児歯科の保健検討委員会.子どもの歯と口の保健ガイド〈第2版〉,2019
〔5〕 厚生労働省「一般小児科医のための子どもの心の診療テキスト」
〔6〕 Borrie FR, Bearn DR, et al. Interventions for the cessation of non-nutritive sucking habits in children. Cochrane Database Syst Rev. 2015 ;(3):CD008694
〔7〕 丸山進一郎.歯列と咬合の異常(おしゃぶりの使用).小児科臨床. 2018;71: 2235-2240.

月刊『赤ちゃんと！』（旧誌名・月刊『赤ちゃんとママ』）の連載の話をいただいたのは
2020年初め、コロナ禍が始まる直前のことでした。
それから3年半、連載はコロナ禍とともに歩んできたともいえます。
この未曽有の事態の間、ネット上にはさまざまな情報が飛び交い、
保護者のみなさんからも
「何を信じたらいいかわからない」との戸惑いの声を多くいただきました。
そこで、連載を始めるにあたり
「正確な情報による安心感」をテーマに据えることにしました。
毎月読者のみなさんから届く疑問や質問は、すぐに答えられないものも多く、
論文を引っ張り出しながら格闘するやり取りを繰り返しました。
気づいたらのべ1万人以上もの保護者のみなさんから質問をいただいていました。
さながら千本ノックのようで、自分も鍛えられたよい機会になりました。
そのやり取りが今回、書籍として形になったことをとても嬉しく思います。

この本が、保護者のみなさんにとって
安心して子育てに向き合う一助になればいいなあ、と願っています。

本書籍刊行にあたり、編集者の佐藤加世子様、
ライターの大道寺恵美子様には本当にお世話になりました。
毎月毎月、自分のこだわりに辛抱強くつきあってくださったお二人がいなければ
この書籍の完成はありませんでした。
また、毎月連載を楽しみにしてくれて、患者さんに紹介してくださった
佐久医療センター小児科外来のスタッフのみなさんにも感謝します。
そして最後に、大学院生活や診療、執筆との両立に悩んだときなど、
日々励ましてサポートしてくれた妻の瑞恵にも心から感謝したいと思います。

佐久総合病院佐久医療センター小児科医長
「教えて!ドクター」プロジェクト責任者

坂本昌彦

坂本 昌彦（さかもと まさひこ）

小児科医。佐久総合病院佐久医療センター小児科医長。保護者の啓発と救急外来負担軽減を目的とした「教えて！ドクター」プロジェクトチームの責任者。保護者向けに子どもの病気やホームケアに関して、SNSやメディアでも積極的な発信を行い、同プロジェクト監修の無料アプリは約38万件ダウンロード、Xフォロワー数は10万人超（2023年10月現在）。診療のかたわら帝京大学大学院博士後期課程で医療情報啓発の研究も行っている。「教えて！ドクター」プロジェクトチームとしての著書に『マンガでわかる！子どもの病気・おうちケアはじめてＢＯＯＫ』（KADOKAWA）、自身の著書に『小児科医が教える「子どもを事故から守る本」』（内外出版社）など。『ななちゃんのてあらい』『くまのくま子さん』（赤ちゃんとママ社）、『きゅうきゅうばこの絵本』（金の星社）など絵本の監修も行う。

https://oshiete-dr.net
X / Instagram / Facebook @oshietedoctor

1万人のママ・パパが知りたかった！

赤ちゃん育児 なんでもQ&A

2023年12月14日 初版第1刷発行
2024年 2 月 9 日 初版第2刷発行

著者　坂本昌彦
発行人　小山朝史
発行所　株式会社 赤ちゃんとママ社
〒160-0003
東京都新宿区四谷本塩町14番1号 第2田中ビル2階
電話 03-5367-6592（販売） 03-5367-6595（編集）
http://www.akamama.co.jp
振替 00160-8-43882

印刷・製本　シナノ書籍印刷株式会社
編集　佐藤加世子

※本書は育児誌月刊『赤ちゃんと!』の連載「赤ちゃん からだ 健康」（坂本昌彦先生監修号）を再編集・加筆・修正し、書き下ろしを加えてまとめたものです。

ISBN978-4-87014-166-7